北京冬奥会遗产可持续利用模式及支持政策研究

高照钰 著

北京·旅游教育出版社

图书在版编目（CIP）数据

北京冬奥会遗产可持续利用模式及支持政策研究 / 高照钰著. -- 北京：旅游教育出版社，2022.12
　ISBN 978-7-5637-4506-7

Ⅰ. ①北… Ⅱ. ①高… Ⅲ. ①冬季奥运会－文化遗产－资源利用－研究－北京 Ⅳ. ①G811.211

中国版本图书馆CIP数据核字(2022)第229295号

北京冬奥会遗产可持续利用模式及支持政策研究
高照钰　著

策　　划	李荣强
责任编辑	何　玲
出版单位	旅游教育出版社
地　　址	北京市朝阳区定福庄南里1号
邮　　编	100024
发行电话	（010）65778403　65728372　65767462（传真）
本社网址	www.tepcb.com
E - mail	tepfx@163.com
排版单位	北京旅教文化传播有限公司
印刷单位	唐山玺诚印务有限公司
经销单位	新华书店
开　　本	710毫米×1000毫米　1/16
印　　张	10.25
字　　数	125千字
版　　次	2022年12月第1版
印　　次	2022年12月第1次印刷
定　　价	49.00元

（图书如有装订差错请与发行部联系）

前　言

  北京冬奥会是《奥林匹克2020议程》后第一届筹办之初就全面规划奥运遗产的奥运会，贯彻落实习近平总书记提出的"绿色、共享、开放、廉洁"的办奥理念。习近平总书记多次强调要充分运用好冬奥遗产，可持续发展现在已经完全嵌入奥运会的整个生命周期中。北京冬奥组委发布《北京2022年冬奥会和冬残奥会遗产战略计划》，努力在体育、经济、社会、文化、环境、城市和区域发展七大领域创造丰厚遗产，从而更好地发挥奥运带动作用，促进城市和区域协同发展、社会文明进步。北京冬奥会独具创新性并将冬奥遗产的创造、转化利用贯穿于整个冬奥会的筹办、举办和赛后整个周期，有利于持久地释放北京冬奥会的影响力。

  《北京冬奥会遗产可持续利用模式及支持政策研究》从动笔开始大致持续了一年，如果算上酝酿准备及收集资料阶段的时间，则是几倍。本书包括了七章，分别介绍了国际奥林匹克运动会，奥林匹克运动在中国，体育协会的治理，奥运会可持续发展研究，北京冬奥会遗产可持续利用的分析，后冬奥时代做好遗产保护和利用的政策建议，讨论及展望。通过此次契机，将中国自己的特色、理念、倡议和主张更多地融入国际体育秩序和全球体育治理体系之中，增强中华儿女对我国体育外交事业的认同与支持。结合"双奥城市"品牌推广，大力拓展国际体育旅游消费市场，积极宣传在京举办的国际级知名体育赛事品牌，做大做强体育赛事旅游市场。要做好宣传工作，树立典型，进一步增强自信心和凝聚力，彰显中国精神、中国价值、中国力量，以各种形式弘扬北京冬奥精神。希望本书会对对奥林匹克运动及奥运遗产的可持续利用感兴趣的朋友有所帮助。

  由于著者水平所限，如存在疏漏与不足之处，敬请专家、学者和广大读者批评指正。感谢在写作本书的过程中给予我宝贵支持和身体力行帮助的各位老师和朋友。感谢各位读者，希望它不会让你们失望！

著者
2022 年 6 月

目 录

第一章　国际奥林匹克运动会 ··· 1
　第一节　国际奥林匹克运动会的介绍 ·· 1
　第二节　奥运会的经济账 ·· 10
　第三节　冬奥会城市的过去和未来 ··· 20

第二章　奥林匹克运动在中国 ··· 25
　第一节　奥林匹克运动在中国的发展 ·· 26
　第二节　北京冬奥会 ·· 32

第三章　体育协会的治理 ·· 38
　第一节　体育协会治理的国际发展历程 ··· 38
　第二节　瑞士洛桑大学 Chappelet 教授学术访谈录 ································ 42

第四章　奥运会可持续发展研究 ··· 54
　第一节　体育与可持续发展的具体政策 ··· 55
　第二节　北京冬奥会重视可持续性 ··· 63

第五章　北京冬奥会遗产可持续利用的分析 ······································ 68
　第一节　北京冬奥会遗产可持续利用的介绍 ······································· 69

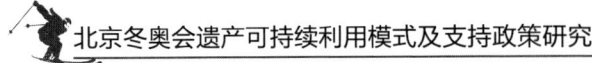

第二节　国内外研究现状及评论 ……………………………… 75
第三节　七类遗产 ……………………………………………… 81
第四节　分析与讨论 …………………………………………… 102

第六章　后冬奥时代做好遗产保护和利用的政策建议 …………… 106

第七章　讨论及展望 …………………………………………………… 116

参考文献 ………………………………………………………………… 122

附录Ⅰ　国际奥委会新规定汇总 ……………………………………… 127
附录Ⅱ　《奥林匹克宪章》2021版和2020版变化比对（简略版）… 136
附录Ⅲ　2022年北京冬奥会比赛项目 ………………………………… 142
附录Ⅳ　国际、国家、组织和个人视角的体育治理的相关政策文本 … 145
附录Ⅴ　中国奥委会重要表态 ………………………………………… 150
附录Ⅵ　奥运与冬奥立法 ……………………………………………… 152
附录Ⅶ　缩略词和官方口号 …………………………………………… 154

第一章　国际奥林匹克运动会

顾拜旦:"奥运会最重要的不是胜利,而是参与;正如在生活中最重要的事情不是成功,而是奋斗;但最本质的事情并不是征服,而是奋力拼搏。"

第一节　国际奥林匹克运动会的介绍

由于新冠疫情的发生,东京2020年国际奥林匹克运动会(简称"奥运会")被迫推迟,这标志着奥林匹克运动史上的一个独特时刻。这史无前例的推迟对奥林匹克运动产生着强烈影响。1918年全球大流感暴发,安特卫普1920年奥运会可以为我们提供某些历史性见解,很多现今的质疑也同样发生在当时。

奥运会的申办举办将休闲、体育、旅游和文化自恰地结合在了一起。作为世界性的具有巨大影响力的体育运动和休闲活动,近百年来,奥运会也逐步渗透到了各个国家的文化之中。众多的国家(地区)参与进来,从根植于基层的大众草根体育,到各种职业比赛;运动员们去到世界各地参加比赛,游客们乘坐着各种交通工具到举办地观看比赛,进而有一系列的酒店住宿、餐饮消费、门票、购物等消费行为和活动。体育赛事寓意丰富,如同电影、音乐一样,带给千家万户感官上的享受,奥运会则更是一场视听盛宴。几乎每届奥运会的举办都会留下一笔宝贵的遗产,有利于奥林匹克运动的可持续发展。现代奥运会可以追溯至1896年,冬奥会则开始于1924年。通过全球范围的公开竞争申办,主办城市在大约七年前被国际奥委会选中。绝大部分主办城市来自富裕的发达工业经济体。自1896年至1998年间，90%以上的主办城市来自西欧、美国、加拿大、澳大利亚和日本；只有1968年墨西哥城、1980年莫斯科和1988年首尔以及1984年冬奥会主办城市萨拉热窝是例外。然而，近年来，国际奥委会多次将主办权授予传统意义上东道主主办地区以外的国家的城市。北京曾主办了2008年奥运会和2022年冬奥会；2014年冬奥会在俄罗斯索契举行；2016年奥运会在巴西里约热内卢举行，这是第一次在南美洲举办的奥运会；2018年冬奥会的主办城市是韩国平昌。此外，近几十年以来，有意愿申办奥运会的国家的构成也发生了巨大变化，如表1-1所示。2000年之前，申办奥运会的国家中，只有18%来自发展中国家或苏联势力范围。然而，在此之后，超过一半的申请都来自发展中国家，包括伊斯坦布尔、曼谷、多哈和开普敦。在过去的十数年中，申办冬奥会的国家中首次出现了哈萨克斯坦、格鲁吉亚、中国、斯洛伐克和波兰（Baade和Matheson，2016）。

表1-1 奥运会和冬奥会的申办次数

单位：次

	申办			举办		
	工业国*	发展中国家	东欧/苏联	工业国	发展中国家	东欧/苏联
奥运会						
1896-1996	71（82%）	9（10%）	7（8%）	20（87%）	2（9%）	1（4%）
2000-2020	23（48%）	21（44%）	4（8%）	4（67%）	2（33%）	0（0%）
冬奥会						
1924-1998	51（93%）	1（2%）	3（5%）	17（94%）	0（0%）	1（6%）
2002-2022	21（57%）	4（11%）	12（32%）	4（67%）	1（17%）	1（17%）

资料来源：Baade和Matheson（2016）。

*：Baade和Matheson（2016）用来与发展中国家相区分的分类是工业国。但是没有把工业总产值比美国和日本加起来还要多的中国算作工业国。

奥林匹克运动的愿景与使命是"奥林匹克主义是一种用体育服务人类的生活哲学"。奥林匹克运动的愿景是"通过体育建立一个更加美好的世界"；奥林匹克运动的使命是"卓越、友谊、尊重";奥林匹克运动的工作原则为"普遍性与团结、整合多元化、自治与善治、可持续性"。上述表述简洁明晰,突出了"体育服务人类"这一核心理念,突出了奥林匹克主义宗旨是建立一个更加美好的世界。而"卓越、友谊、尊重"的价值观,正是这种生活哲学实现其宗旨的具体展示。

体育在各国的影响及地位有所不同,发挥的作用也各有千秋。大型体育赛事可以将体育、经济和文化有机地联系在一起。透彻理解和深入分析大型体育赛事具有积极意义。体育本身具有其特殊性,很多体育产品或服务具有外部性。比如,与体育赛事相关的生产或消费将会对建筑、交通、旅游、餐饮等行业产生影响。体育事业的发展要兼顾经济效益和社会效益,不能只考量经济诉求。

根据《奥林匹克宪章》:"奥林匹克运动是在国际奥委会的最高权力下,对一切受奥林匹克精神鼓舞的个人和团体采取的一致的、有组织的、普遍的和永久的行动。它覆盖五大洲。随着世界各地的运动员齐聚一堂,参加奥林匹克运动会,它达到了顶峰。它的标志是五个交错的圆环。"(基本原则3)"奥林匹克主义是一种生活哲学,它使人的身体、意志和精神的素质得到全面的提高和统一。奥林匹克主义将体育与文化和教育相结合,力求创造一种生活方式,其基础是努力的乐趣、良好榜样的教育价值、社会责任和对普遍的基本伦理原则的尊重。"(基本原则1)

《奥林匹克2020+5议程》的15条改革建议包括:

增强奥运会的独特性和普遍性;

促进可持续的奥运会;

增加运动员的权利和责任;

继续吸引顶尖运动员;

进一步加强安全运动和对干净运动员的保护;

提升、推广奥运资格赛;

促进体育赛历和谐共生;

加强与受众的数字化互动；

鼓励虚拟运动的发展，并进一步与电子游戏社区互动；

加强体育对实现联合国可持续发展目标的重要推动作用；

加强对流离失所的难民和人们的支持；

向奥林匹克社区之外"破圈"；

继续树立企业公民榜样；

通过善治改善奥林匹克运动；

创新创收模式。

国际奥林匹克运动的管理层级如图1-1所示。

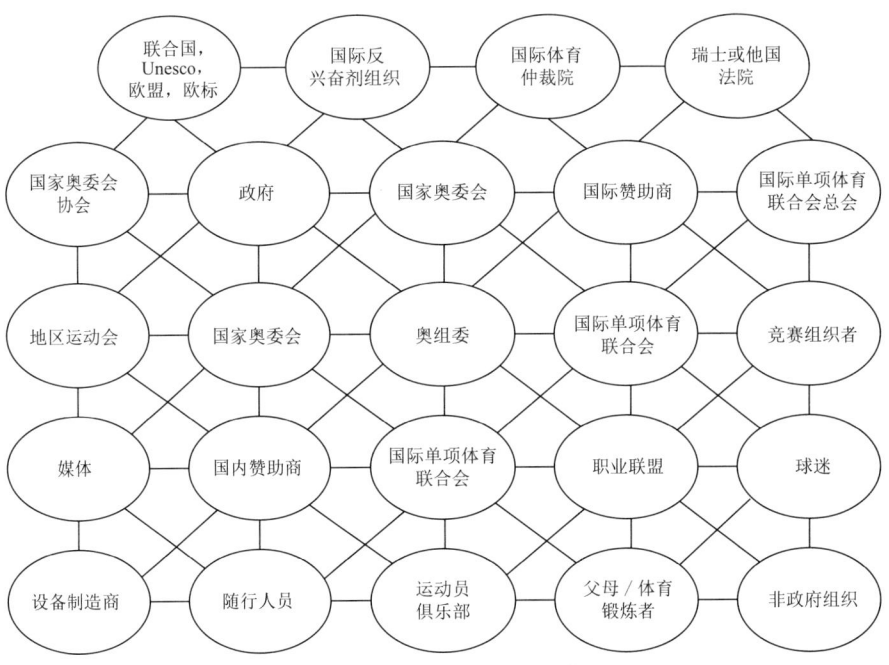

图1-1 国际奥林匹克运动的管理层级

资料来源：Chappelet（2021）。

图1-2为自2015年起的国际奥委会组织结构，这个网络中的"领导或焦点组织"不再是奥组委，奥组委从1960年罗马奥运会到1984年洛杉矶奥运会

都是单独谈判电视权。在未来，由国际奥委会和奥组委组织的定期的所谓"协调委员会"应包括其他利益相关者。

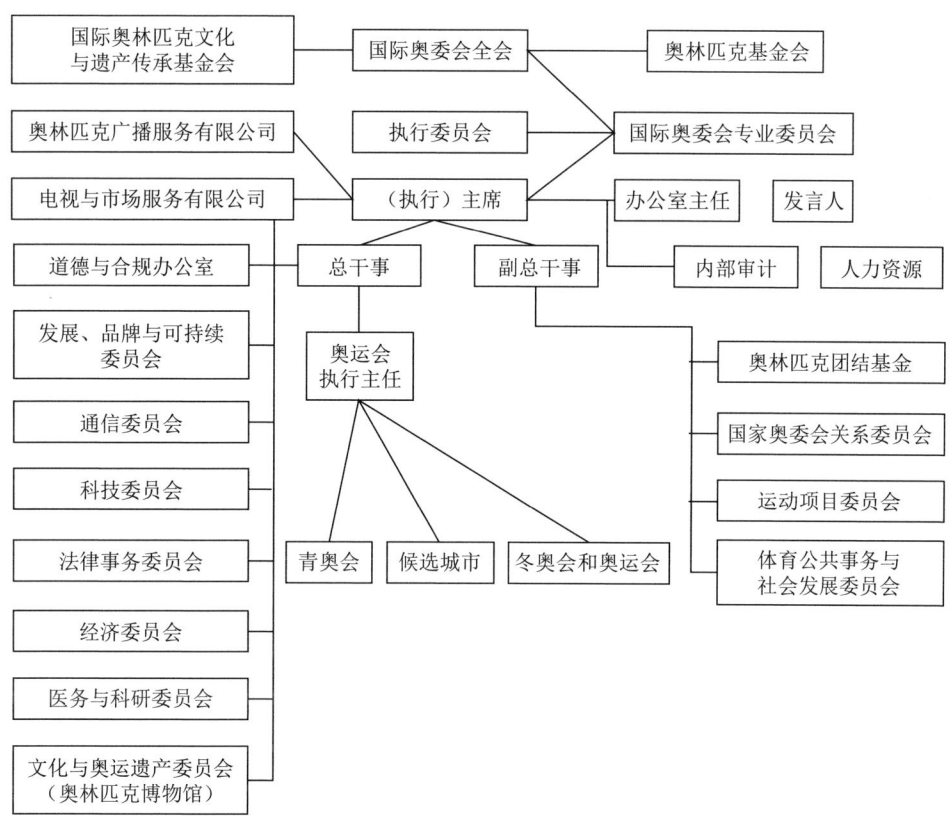

图 1-2　自 2015 年起的国际奥委会组织结构
来源：Chappelet（2021）.

历届冬奥运会的主办城市（见表 1-2）甚至范围更大的地区都需要进行城市基础设施、体育场馆等建设，需要开展一系列体育、文化等推广活动。奥运会往往会对主办地在体育、经济、社会、文化、环境、城市、区域发展等方面产生影响，同时也会留下形式丰富的奥运遗产。

表1-2 1924—2022年冬奥会的主办城市

	主办城市	举办国家
1924	夏慕尼	法国
1928	圣莫里茨	瑞士
1932	普莱西德湖	美国
1936	加尔米施-帕滕基兴	德国
1948	圣莫里茨	瑞士
1952	奥斯陆	挪威
1956	科尔蒂纳丹佩佐	意大利
1960	斯阔谷	美国
1964	因斯布鲁克	奥地利
1968	格勒诺布尔	法国
1972	札幌	日本
1976	因斯布鲁克	奥地利
1980	普莱西德湖	美国
1984	萨拉热窝	南斯拉夫
1988	卡尔加里	加拿大
1992	阿尔贝维尔	法国
1994	利勒哈默尔	挪威
1998	长野	日本
2002	盐湖城	美国
2006	都灵	意大利
2010	温哥华	加拿大
2014	索契	俄罗斯
2018	平昌	韩国
2022	北京、张家口	中国

国际奥委会制订了新的申办流程，发布了《奥林匹克2020议程》。国际奥委会将引入一个援助阶段，在此期间，国际奥委会将向正在考虑申办的城市提供有关申办程序、奥运会核心要求以及之前的城市如何确保积极申办和发挥奥运遗产的建议。因此，奥运会的规划必须考虑每个候选城市的基础设施和人口需求。目的是考虑最大限度地使用现有设施以及体育场馆的临时和可拆卸的看台的使用（国际奥林匹克委员会，2014）。

《奥林匹克宪章》明确指出，"要认识到体育在社会框架内进行，奥林匹克运动的体育组织应保持政治中立"。《奥林匹克宪章》第50条规定："任何奥运场所、场馆和其他地区，不得进行任何形式的示威和政治、宗教、种族宣传。"然而，在东京奥运会开始之前的几个月里，示威活动频频上演。在奥运赛场上公然表达抗议活动由来已久，其历史几乎和奥运会一样古老。让我们不得不深思，为何奥运抗议屡遭禁止？奥运抗议的未来又该走向何处呢？

纵观当今局势，国际体育活动还能仅仅关注体育运动本身吗？在1914年的第一次世界大战中，德国和英国军队宣布他们会在圣诞节休战。双方在比利时前线进行了一场足球比赛。这一例子证明，即使在战争中，人文主义也能获胜——哪怕只是一瞬间。1956年匈牙利水球队抵达墨尔本参加奥运会后，他们得知苏联坦克连和装甲连残忍地镇压了布达佩斯的反苏起义，造成数百人死亡，所以这场半决赛对匈牙利球队来说意义重大。匈牙利人不仅打败了苏联人，而且在那年夺回了金牌。各国出于政治原因抵制奥运会，特别是在冷战期间。美国抵制1980年莫斯科奥运会，以此抗议苏联入侵和占领阿富汗。四年后，苏联与其他18个国家一起抵制了洛杉矶奥运会。1995年，在第一次全体公民民主选举一年后，南非主办了橄榄球世界杯。曼德拉发现了一种团结全国的方法，就是他穿上南非白人喜爱但被南非黑人鄙视的跳羚队球衣和帽子。自从伊朗革命以来，美伊两国之间一直存在敌意，但在1998年国际足联世界杯上，足球成为美国和伊朗之间的一种外交形式。国际足联规定要求B队——伊朗队在比赛前走向A队——美国队并握手，但伊朗最高领袖哈梅内伊下令球队不要走向美国球员。最终，国际足联媒体官员梅尔达德·马苏迪（Mehrdad

Masoudi）想出了一个方法，即让美国球员走向伊朗球员。

1971年，在中美之间的冷战紧张关系达到了顶峰之时，美国乒乓球队意外地收到访华的邀请，《时代》杂志宣称这是"全世界听到的和平"。七个月后，理查德·尼克松总统访问了中国，从而开启了两国的外交关系。1972年冷战期间，加拿大和苏联进行了一系列冰球比赛，共计八场，在两个国家各有四场。在两国政府的推动下，苏联的冰球运动员与加拿大运动员进行比赛，这是他们第一次交手。巴基斯坦和印度之间的局势常年保持紧张，两国都声称拥有克什米尔地区。板球是两国最受欢迎的运动，1978年两国恢复了互相间的板球比赛。2011年，两国领导人在板球世界杯半决赛中相遇。2015年，美国总统奥巴马宣布美国和古巴将互设大使馆。同年，道奇队队员亚西尔·普伊格（Yasiel Puig）和蔡斯·乌特利（Chase Utley）以及其他来自美国职业棒球大联盟（MLB）的球员访问了古巴。这是16年来MLB的第一次亲善访问。在2018年韩国平昌冬奥会开幕前大约一个月，朝韩政府双方举行了会谈，同意允许朝鲜运动员参加奥运会，并派遣一支共同组建的联合女子冰球队参加奥运会。两国冰球队首次在奥运会上作为一个统一的团队一起参赛。

2020年4月，迫于修改奥运规则的压力，国际奥委会就对奥运抗议活动的感受发布了一份有关奥运抗议活动的报告。在接受调查的3547名奥运选手和其他运动员中，67%的受访运动员表示在领奖台上进行示威活动并不合适，70%的受访者认为示威活动不适宜在赛场或官方仪式上举行。然而，有人指出了该报告中存在的一些问题，包括特定问题的措辞方式和本次调查受访者中14%是中国运动员这一事实——这个数字与实际并不相符，因为在2016年奥运会和2018年冬奥会期间，中国运动员的占比还不到4%。据联合国称，代表全欧运动员的欧盟运动员联合会（EU Athletes）也对该调查方法予以指责，并指出，无论结果如何，言论自由都是人权问题。

下面呈现的是21世纪以来历届奥运会的口号，从这里可以看出一些变迁。

2000年悉尼奥运会口号：Share the Spirit（分享奥林匹克精神）

2002年盐湖城冬奥会的口号：Light the Fire within（点燃心中之火）

2004 年雅典奥运会口号：Welcome Home（欢迎回家）

2006 年都灵冬奥会口号：Passion Lives Here（激情在这里燃烧）

2008 年北京奥运会口号：One world，One Dream（同一个世界，同一个梦想）

2010 年温哥华冬奥会口号：With Glowing Hearts（用炽热的心）

2012 年伦敦奥运会口号：Inspire a Generation（激励一代人）

2014 年索契冬奥会口号：Hot·Cool·Yours（激情冰火属于你）

2016 年里约热内卢奥运会口号：Live Your Passion（点燃你的激情）

2018 年平昌冬奥会口号：Passion Connected（激情同在）

2020 年东京奥运会口号：United by Emotion（激情聚会）

2022 年北京冬奥会口号：Together for a Shared Future（一起向未来）

2024 年巴黎奥运会口号：Games Wide Open（奥运更开放）

　　随着 2024 年巴黎奥运会临近，巴黎将在 2024 年奥运会之前通过种植树木和增加步行区，对著名的香榭丽舍大街进行改造；并通过会徽设计、奖牌设计、埃菲尔铁塔场地重建、奥运村和残奥村设计等引发全球关注。巴黎近年来还积极倡导节俭和环保的文化氛围。疫情以来，法国人对环境问题日益感兴趣，对产品来源以及运送方式对环境产生的影响很敏感。研究显示，70% 的消费者表示他们愿意延长交货时间来减少运输对环境的影响；超过 2/3 的人表示希望促进购买更环保的产品，尤其是促进循环经济的二手产品。同时，计划在奥运会上实现供应的食物碳足迹减半。

　　国际奥委会为 2024 年巴黎奥运会推出了一个新的四个项目的预选系列赛。四个项目包括特技单车、霹雳舞、滑板和攀岩。新的四个项目的预选系列赛将把这四个项目的参赛者聚集在一个城市公园里，竞争 2024 年巴黎奥运会的参赛资格。在 2024 年 3 月至 6 月期间举办，为期四天。国际奥委会将与四个运动的单项体育联合会密切合作。它们将继续负责各自比赛的运作，系列赛将成为 2024 年巴黎奥运会这几个项目资格赛的一部分。新的四个项目的预选系列赛将会把体育与音乐、艺术和文化相融合。通过比赛，在节日气氛中将体育和文化相结合。①

进入 21 世纪的奥林匹克运动历经了持续改革与发展，各举办地所在国家的经济制度和体育管理体制各不相同，每届奥运会的举办也各具特色。举办奥运会会产生各种影响，包括了经济影响、社会影响（奥运会主办方以及奥运会志愿者学习的知识与技能可以提升当地的知名度和形象）以及环境影响（需要注意举办中的交通、能源以及废弃物排放）。

第二节　奥运会的经济账②

无论是否举办奥运会，主办城市或国家均可以决定投资城市发展或体育设施，以满足自身需要、增进人民福利（尤其是新兴国家）；把所有这些设施的成本都算在奥运会成本上是不合适的。欧洲许多发达国家的城市所新建的体育设施和基础设施让它们从 20 世纪 60 年代甚至直到今天都有能力可以举办奥运会。（Chappelet，2018）

各国地方政府财政补贴难以应对奥运会的赤字问题。早期的历届奥组委不常出现赤字，这是因为主办国或主办城市直接给予财政补贴；但随着奥运会预算支出的快速增加，财政补贴的压力越来越大，致使出现了较大规模的赤字。慕尼黑（1972 年）、蒙特利尔（1976 年）、普莱西德湖（1980 年）、阿尔贝维尔（1992 年）、利勒哈默尔（1994 年）、亚特兰大（1996 年）、悉尼（2000 年）、盐湖城（2002 年）、雅典（2004 年）、都灵（2006 年）等奥运会（含冬奥会）的经营预算均出现赤字（Preuss，2004）；由于缺少市场化融资模式，赤字只好由举办国或举办城市的纳税人来承担。比如，1976 年蒙特利尔奥运会因罢工和施工延误导致成本超支，出现巨额赤字，这笔债务最终通过特别地方税（1.76

---

① https://olympics.com/ioc/news/international-olympic-committee-launches-new-four-sport-olympic-qualifier-series-for-paris-2024.

② 本节部分内容来自高照钰（2020）。

亿美元）和魁北克省征收的特别烟草税（4.8亿美元）来偿还。加拿大魁北克省征收了近三十年特别烟草税才偿清债务。蒙特利尔1976年奥运会的巨大亏损主要是因为奥组委承担大部分的体育设施以及奥运村和奥林匹克公园地铁站的建设（Levine，2003）。

2018年初，国际奥委会通过一项大幅降低奥运会经营成本的计划——《奥林匹克2020议程：奥运会新规范》（Olympic Agenda 2020 Olympic Games the New Norm），以下简称《新规范》（New Norm）。《新规范》的部分内容将率先在东京2020年奥运会和北京2022年冬奥会实施，其余将在随后的赛事中全面推开。①

奥运会成本由举办城市财政补贴负担的模式引起了针对财政公平的广泛争议，申办奥运会热情的下降与财政赤字压力直接相关。一个城市举办包括奥运会在内的大规模国际体育赛事，可以创造重大遗产，惠及整个国家；从经济收益方面来看，跨国公司和体育组织可以从体育赛事中获得经济利益，但体育场馆建设和运动会的成本则大部分由地方承担，这显然容易引起地方政府和选民的意见（Hill，1992）。实际情况中，承担奥运会项目的很多国家级体育场馆可以得到大量的财政补贴，这样的话最终受益者往往是商业体育场馆运营商。在北美和英国，获得财政补贴的均是体育场馆持有者，此类情况经常引起关于政府定位的争论。欧美各国对体育场馆的财政补贴方式也有所区别，比如，英国的大区和城市没有为建设体育场馆而新增税种或增税的权力，体育场馆建设的财政补贴主要来自中央政府，多是由各种国家彩票基金提供，而地方/区域政府的预算结构里面较少涉及体育场馆建设。美国则可以为奥运会举办向当地居民征收额外税收，特别是向可从奥运会举办中受益的部门征税，例如酒店税等。

在近些年的奥运会申办过程中，国际奥委会正在尝试解决成本低估问题，这要求每一项投资都必须被提及以及相关融资必须得到保障。国际奥委会要求

---

① IOC（2018），Olympic Games：the New Norm，Report to the Executive Steering Committee for Olympic Games Delivery. Pyeong-Chang，February.

申办城市奥组委对意外成本审慎处置。自 2000 年以来，几乎所有奥运会都采用类似公私合作的模式（PPP），现在的奥运会赛事举办其实是一种公私合作伙伴关系（Public Private Partnership，PPP）：其中"公"和"私"的规模各有不同（Chappelet，2019）。2014 年 12 月，国际奥委会通过《奥林匹克 2020 议程》，修改了申办程序，将以往的招投标模式改为申办方与国际奥委会之间的邀请和公开对话。允许双方就奥运会相关基础设施建设等方面展开谈判，能更好地反映申办城市的长期发展需求，从而有利于缓解甚至破解"赢者的诅咒"。并且，公开对话模式有利于奥运建设项目的账目公开，从而有利于解决历史上多届奥运会曾出现过的因财务信息不透明而饱受诟病的问题。由于许多选民是体育爱好者，他们对于使用税收收入支持大型体育赛事，尤其是升级体育设施，是十分支持的。国际奥委会在努力减轻"赢者的诅咒"方面的努力成果值得长期观察。

自 21 世纪以来，奥运会的举办广受质疑，越来越多的城市纷纷拒绝申办，奥运会的遗产和传承受到批评，奥运会的总预算成本太高广受批评，奥运预算超支经常引起关注。奥运会的预算与决算往往差别很大，一是因为赛事支持者为了说服决策者而过度乐观；二是因为编制预算是在奥运会比赛近八年之前。这意味着所提及的成本和收入的极大不确定性。预算是一种管理工具，奥组委成立时编制的预算与比赛结束后的决算存在着差异。

举办奥运会的"机会成本"即选择把相似的资源用于举办奥运会而非其他类似活动或诸如教育医疗等其他行业，举办奥运会的城市的居民本来也可通过这些选择而获得收益。奥运会的机会成本很难估计，这是由于这些选择并没有发生，只能从理论上测量。从奥运赛事或其他活动项目获得的收益并不确定，包括了有形的收益、无形的收益。值得注意的是，在估算其他机会成本时，只需考虑体育设施成本预算和非体育基础设施成本预算。这是因为，假如没有举办奥运会而是选择了其他活动或其他行业，则不会有票务收入、赞助收入和国际奥委会的分成等外源性收入。

通过对一定数量的国家进行深入的研究和比较，以其曾经发生或存在过的问题为鉴，可以更好地指导我国的体育事业的发展。对举办奥运会的经济效益的分析可以影响城市是否申办奥运会的决定。值得注意的是，第一，各届奥运会一直存在着账目不清晰的困境。第一届现代奥运会始于雅典（1896 年），自此，奥林匹克运动开始同各种形式的商业赞助和越来越多的公共部门密切相关。弄清楚奥运会的经济账并不轻松，因为历届奥运会并不一定对外公开发布准确数据，很多基本数据也无法在合适的地域范围内获得。比如，由于其组委会下令烧毁长野1998 年冬奥会的一部分财务记录，所以根本无从得知其真实的成本（Jordan 和 Sullivan，1999）。第二，存在的一些困难也可能使得奥运影响的研究更加复杂。比如，哪类支出项目应该算作是奥运支出，哪类支出项目不应该算。一些基础设施在结束后多年仍在使用，奥运会前对基础设施的投资是否应归类为奥运支出呢。此外，在衡量影响时，应该考虑多大面积的区域，是主办城市、大都市区、大区（省、州）还是整个国家呢。这个问题的答案将会决定某一奥运支出项目是来自主办区域以外（因此会产生额外的影响）或来自主办区域内部（因此不会产生额外的影响）。对该问题的回答会直接关系到"影响研究"的结论（Chappelet，2019）。对奥运会等大型赛事的经济影响的研究方法一直存在争议。

很多时候，奥运会经济影响的研究直接影响城市申办奥运会的决策。奥运会的筹备和举办与比赛后期均会对举办地经济产生影响，形成奥运经济。奥运会经济影响的研究通常集中于"举办奥运会带来的增加值"和"举办奥运会创造的就业岗位"。其中，绝大部分成本费用发生于奥运会的申办和准备阶段以及奥运月。由于资金多来自举办地之外，因此只要存在较少的外部性，那么用于准备和举办奥运会的大量资金就会自动提升举办地的经济。迄今为止，关于重大体育赛事的经济影响的实证研究尚未达成统一的结论。有部分研究认为，举办大型体育赛事有利于提升当地的经济。对基础设施的投资、当前消费的增长、提振消费者信心会带来额外的增长机会。然而，国际奥委会往往倾向于选择更具发展潜力的经济体来组织奥运会。

一、举办奥运会的成本与收益

尽管一直以来商业利益在激发奥运会举办的意愿中发挥着作用，但传统上，公共部门资助了冬奥会的大部分基础设施投资，并因此积累了主要债务。此外，尽管自1984年以来出现了私人资本，例如电视转播权和商业赞助，但公共部门仍是冬奥会举办的关键（Essex and Chalkley，2004）。商业赞助对每一届奥运会的举办都很重要并且重要性日益增加。商业赞助有四个级别：官方合作伙伴、官方赞助商、官方独家供应商和官方供应商。新的利益相关方不断进入奥林匹克体系，非政府参与者、赞助者和俱乐部投资者也变得越来越重要，商业导向的价值扮演着越来越重要的角色。因此形成了一个更加复杂的网络治理系统，其中，不同的利益相关方在不同的情况下以不同的方式扮演着动态发展的角色。

第一届现代国际奥林匹克运动会始于雅典（1896年）。国际奥委会在授予奥运会主办权时，即在与主办城市签订合约的同时，会与主办城市、主办国奥委会确定最少分成额度。然而，预算安排是由主办城市和奥运会组织委员会（以下简称"奥组委"①）来负责的。这不同于其他国际大型体育比赛，赛事组织方须向赛事所有者支付一笔款项以获得比赛的转让权（Chappelet，2019）。根据《奥林匹克宪章》，奥运会的财务责任和风险最终由主办城市承担。

20世纪60年代之前的奥运会及80年代之前的冬奥会的筹办及举办事宜，均由奥组委全权负责。自20世纪60年代以来，主办国的各级地方政府开始越来越多地参与奥组委的活动（Chappelet，2019）。20世纪60年代以后，各届奥运会出现了较多的预算超支情况，这主要有两个原因：一是奥运形象受损，民众不愿承担举办奥运会的成本。特别是，1968年墨西哥城奥运会与1972年慕尼黑奥运会都出现了流血事件②，令奥运会形象受损，导致主办国负担奥运债

---

① 奥组委是非营利组织，是为某届奥运会的筹备而成立的，随着奥运会的结束而自然解散。
② 笔者注：1968年墨西哥城奥运会开幕前夕，墨西哥爆发了全国性的学生抗议运动；在1972年慕尼黑奥运会上出现了11名以色列运动员被恐怖分子杀害的严重政治恐怖事件。

务的意愿更加低下。二是举办奥运会的成本上升速度非常快。比如，1972年慕尼黑奥运会的成本几乎是1936年柏林奥运会的70倍（Middleton，2004）。这导致了各国申奥的压力陡增，甚至出现了比较极端的情况，1972年美国丹佛市获得1976年冬奥会的举办权，但该市所在的科罗拉多州全民投票拒绝为举办奥运会所增加的财政支出而发债，丹佛成为第一个获得奥运会举办权而拒绝举办奥运会的城市（Zimbalist，2015）。1984年奥运会，申办城市仅有美国的洛杉矶。1984年冬奥会和1988年奥运会，也分别只有两个城市向国际奥委会提出举办申请。值得注意的是，1984年洛杉矶奥运会和1988年卡尔加里冬奥会的组委会均未得到公共财政的大力支持，但两届奥运会都取得了巨大成功，这重新燃起了各国申办奥运的热情。洛杉矶奥运会后，至少有11个城市申办2004年奥运会，其中5个城市进入最终投票环节。但是，最近几届申办奥运会的城市的数量又变少了（Chappelet，2019）。

随着洛杉矶1984年奥运会进行商业化运作以来，国际奥委会的融资能力大大提高，这在一定程度上缓解了奥组委和地方政府的经济压力。以下来自高照钰（2020）：

1. 奥运会经济事务的市场化运营与财政补贴相结合

随着奥林匹克运动的不断发展，其融资模式也在不断创新，举办城市开始尝试以市场化手段来解决奥运会运行成本不断攀升的问题，并取得了效果。1984年洛杉矶奥运会不仅无须公众负担，而且还产生了利润。时任洛杉矶市长汤姆·布拉德利（Tom Bradley）向公众保证，奥运会资金来自公司而不是税收。洛杉矶奥运会开创了很多商业运作模式，包括：与相关企业签署资助协议；出售电视广播权和比赛门票；压缩开支，例如充分利用已有设施，尽量不修建新的体育场馆；不新盖奥林匹克村，而是向大学租借宿舍供参加奥运会的运动员等住宿；招募志愿人员为大会义务工作等。当然，洛杉矶有着能够实现这些创新模式的得天独厚的条件：第一，洛杉矶市与国际奥委会之间签署了协商优惠条款。第二，更重要的是，洛杉矶市已有的体育场馆等设施足够支持举办奥运会，而不需要修建大量新设施，从而节省了大量开支。第三，增长的电视转播收入，使得洛杉矶市从承办奥运会中获利。①

然而，并非每届奥运会都可以像洛杉矶奥运会这样实现收益。形成鲜明对比的是，有些主办城市即使通过市场化运营，还是会因为奥运会的额外成本背上沉重的财政负担。比如，1992年巴塞罗那奥运会最终导致巴塞罗那市不得不额外征税17亿美元来还债。1992年阿尔贝维尔冬奥会组委会赤字达6000万美元，相当于该市人均负债2400美元；为了还债，地方住房税税率提高至4%。需要注意的是，1992年阿尔贝维尔冬奥会从法国政府得到了大量的财政资助（Andreff，2012）。然而，大量投资让法国北部阿尔卑斯山其他的度假区重建的融资遇到困难（Tuppen，2000），这说明对奥林匹克的财政投资存在"机会成本"问题，可能延缓或挤占其他公共投资（Essex和De Groot，2017）。Baade等（2010）针对2002年盐湖城冬奥会做了实证分析。他们根据举办奥运赛事的犹他州盐湖城的应税销售收入，调查研究后认为举办奥运赛事使得旅馆和饭店部门得到发展，却令百货商店等其他零售商遭受损失，综合来看，酒店等行业因举办奥运赛事而获得的经济收益少于其他部门因此而遭受的损失。潜在的奥运会东道主应更多从经济层面考虑是否申办奥运会，谨慎行事。

当今各国政府面临着越来越大的财政压力，由于财政资金的稀缺性，针对奥运会的财政补贴也变得更加审慎。

2."赢者的诅咒"

"赢者的诅咒"，即在一个确切的截止日期内，国际奥委会公布下届奥运会的举办事项，然后国际奥委会会请世界各城市提交申办申请。有意愿举办奥运会的城市会承诺在未来六到七年的时间内投入大量资金，然后希望受益于"奥运主办城市"这一光环。

"赢者的诅咒"是经济学上的一个专有名词，"赢者的诅咒"的严重程度随着投标者数量的增加而加剧。有意举办奥运会的城市往往也采用拍卖收益权的模式来实现收支平衡，即通过拍卖或类似拍卖过程来分配大型体育赛事的举

---

① Do the Olympics Cost Too Much for Host Cities [N]. CNN Money, 2012-07-30.

办权，如职业运动队的特许经营权与体育赛事电视转播权等（Andreff，2014）。然而，这种拍卖模式存在财政风险（Andreff，2014）。Solberg 和 Preuss（2007）的研究显示，奥运会运营成本的总趋势是奥运会开幕日或之后的事后成本高于预期。在1960—2016年的30次奥运会中，有19次出现了成本超支，而且这还不是根据名义价格（未剔除通货膨胀率）计算的，是比较保守的结果。成本中被低估的部分往往是投资和基础设施成本，而不是当地奥组委的运营成本。按照时价测算，蒙特利尔（1976年）、莫斯科（1980年）、汉城（1988年）、巴塞罗那（1992年）、雅典（2004年）和伦敦（2012年）奥运会均超支30%（Andreff，2012）。Andreff（2012）认为，在这种情况下，事先的拍卖收益可能无法弥补事后的超预算支出部分。层出不穷的奥运会成本超支、项目延迟完工、财政赤字和债务等情况，充分说明"赢者的诅咒"不是个例。有研究认为，为避免成本超支以及"赢者的诅咒"引致的其他不良后果，不应再通过拍卖来分配奥运会举办权。该建议的实际改革措施是一劳永逸地确定举办奥运会的场地，这能够避免任何拍卖、过度竞争和"赢者的诅咒"。

二、奥运会与冬奥会举办成本与收益的区别

相比于奥运会，冬奥会对主办城市的影响具有更大程度的可变性。在这方面，奥运会见证了从早期奥运会的轻微影响到通过奥运会主导的发展——在城市规划方面采取更加具有实质性的、创业的和商业主导的方法（Essex 和 Chalkley，1998、2002；Chalkley 和 Essex，1999）。

国际奥委会对奥组委和冬奥组委的包括经济支持在内的各种支持存在区别。以分成为例，国际奥委会对奥组委的分成普遍高于对冬奥组委会的分成。奥运会与冬奥会的国内赞助收入也有不同（见表1-3）。2002年以来历届冬奥会获得的国际奥委会的分成如下：2002年盐湖城5.52亿美元；2006年都灵5.61亿美元；2010年温哥华7.75亿美元；2014年索契8.33亿美元；2018年平昌8.87亿美元。此外，冬奥会的国内赞助收入往往低于奥运会。如表1-3所示，从1996年亚特兰大奥运会至2018年平昌冬奥会，差距较为明显。（高照钰，2020）

表 1-3 奥运会与冬奥会的国内赞助收入

主办城市/年份	营销合作伙伴数目①（个）	收入（百万美元）
亚特兰大 1996	111	426
长野 1998	26	163
悉尼 2000	93	492
盐湖城 2002	53	494
雅典 2004	38	302
都灵 2006	57	348
北京 2008	51	1218
温哥华 2010	57	688
伦敦 2012	42	1150
索契 2014	46	1189
里约 2016	53	848
平昌 2018	86	649

资料来源：Olympic Marketing Fact File（2020）.

注①：各个奥组委的国内赞助商计划通常包括了几个层级的合作伙伴——赞助商、供应商和提供商。此列中的数字代表了所有层级的营销合作伙伴的总数。

作为世界上规模和影响最大的国际大型体育赛事，奥林匹克运动会对经济社会发展发挥着不可取代的影响，尤其是自 1984 年洛杉矶奥运会进行商业化运作以来。然而，自 21 世纪以来，奥运会的举办广受质疑，越来越多的城市纷纷拒绝申办，奥运会的遗产和传承受到批评。主办城市和奥委会的地位发生反转，这理应引起我们的深思。国际奥委会宣布法国巴黎与美国洛杉矶分别成为 2024 年与 2028 年奥运会的主办城市。第一，当前世界局势反权威潮流势不可挡，就某种程度而言，公众对特权阶层的敏感波及了国际奥委会，国际奥委会曾经威仪天下的做派和超高的标准应该顺势而为。第二，对于国际奥委会的一些要求要有相应的应对措施。譬如，洛杉矶申办 2024 年奥运会时，决定使用加州大学洛杉矶分校以及南加州大学的学生宿舍作为奥运村。

三、《奥林匹克宪章》规则 40

2019 年,国际奥委会修改《奥林匹克宪章》规则 40(Rule 40)第 3 款。此前该条款为:"除非获得国际奥委会执委会允许,任何奥运会的参赛者、代表团官员或其他随从人员,不得在奥运会期间将其人员、名称、图片或体育成绩用于广告目的"。目前,该款项修改为"奥运会参赛者、代表团官员或其他随从人员,可以在遵从国际奥委会执行委员会确定的原则的前提下,允许其人员、名称、图片或体育成绩用于广告目的"。各国奥委会将在各自国土范围内负责实施新规则,各国可因地制宜地制定本土的法律框架。

《奥林匹克宪章》规则 40(以下简称"规则 40")是国际奥委会于 1991 年建立的一项资格规则,目的是维持奥林匹克运动会的独特性和普遍竞争的环境。国际奥委会的国际营销计划带来的价值以及合作伙伴从奥运会中获得的利益,为世界各地的运动员提供支持。国际残奥会手册也有类似的规定。国际奥委会出台规则 40 的目的是防止奥运会过度商业化。然而,这也造成了运动员、品牌等之间的诸多纷争。进入 21 世纪,运动员个人的商业赞助体系愈发成熟,也有了日益增多的反对规则 40 的声音。2019 年 2 月,德国反垄断部门认为规则 40 违反了德国法律,遂裁决其不能在德国境内实施。德国反垄断部门发表声明:"我们决定为德国运动员在奥运会期间的个人营销争取更多空间,比如对奥运术语与在比赛中拍摄照片的使用,以及社交媒体活动方面。"随即,国际奥委会承诺放松德国境内对规则 40 的执行。随后,众多运动员代表组织发声,呼吁各国(地区)奥委会停止执行规则 40。国际奥委会对于规则 40 的修改,表述从"除非获批……不能……"变为"按照原则……可以……",这反映了国际奥委会逐渐放开奥运期间广告的权限。但具体实施效果还要视国家奥委会后续制定的具体细则以及各个国家的新规则实施情况。但是现阶段可以肯定的是,国际奥委会还是会维护奥林匹克全球合作伙伴计划(Worldwide Olympic Partner,简称 TOP)赞助商的权益。

多年来,规则 40 通过阻止奥运运动员与赞助商有关的信息交流,保护奥林匹克 TOP 计划和国家级的赞助商的利益。现在，规则 40 的关键原则详细说明了参与者的商业机会。例如，运动员可以感谢多年来支持他们的个人赞助商，并从他们那里得到支持和祝贺的信息。尽管仍受到限制，但可以提供更多的品牌价值，并可由运动员管理。

第三节 冬奥会城市的过去和未来

Essex（2017）指出，2002 年以后举办的冬奥会，一直存在大规模新建基础设施的现象；但更加强调环境保护、可持续发展和遗产传承。因此，冬奥会逐渐开始在大城市及其周边的山区社区举办，这使得冬奥会成为一个多中心的赛事活动（Chappelet，2008）。此外，如国际恐怖主义的威胁和在 2002 年盐湖城冬奥会之后对申办规程的修改也会改变冬奥会的特征。盐湖城是第一个被要求在申办程序中对环境规划做概述的奥运主办城市。2002 年的冬奥会，先是在申办阶段曝出腐败丑闻，又有开幕式前 5 个月在纽约发生的 9·11 恐怖袭击导致的与冬奥会相关的安保风险的加大。针对盐湖城奥组委向部分国际奥委会委员提供了医疗服务和向其在美子女支付美金（Booth，1999；Lenskyj，2000；Toohey 和 Veal，2000）的指控首次发生于 1998 年 12 月，随后于 1999 年受到国际奥委会特设的调查委员会和美国奥林匹克委员会特别申办监督委员会（米切尔委员会）的再次指控。米切尔委员会的结论是，国际奥委会缺乏责任感，直接导致了收受贵重礼品文化的形成，而这种文化导致了盐湖城冬奥会主办方的种种不当行为（Kettle，1999；Sandomir，1999）。国际奥委会执委会处理了涉嫌盐湖城丑闻的委员。盐湖城奥组委主席/首席执行官和高级副主席于 1999 年 1 月离任。这也导致了奥运会主办城市申办规程的改革，包括取消国际奥委会委员对候选城市的访问、设立常设道德委员会以及对国际奥委会组成的修改。另外，在恐怖袭击发生 5 个月后，盐湖城举办了冬奥会，因此安保措施被置于中心，在安保和公共安全措施上花费了 2 亿美元，并部署了 9750 名安保人员（Salt Lake City Organizing Committee，2002）。

冬奥会举办城市选择的主要外在影响因素有气候变化、体育城市化和年轻人对新冬季运动项目的喜爱。

一、气候变化

大多数专家认为，气候变化，尤其是由温室气体（主要是二氧化碳）引起的全球变暖是真实存在的。仍然有一些怀疑论者。例如，2019年2月，在世界高山滑雪锦标赛（Alpine Worldski Championships）之前，国际滑雪联合会（FIS）主席 Gian Franco Kasper 在接受采访时提到"所谓的气候变化"。Kasper 的言论引起了强烈抗议，一些运动员和环保主义者要求他辞职，为此甚至还发起了一项请愿活动。当时，Kasper 是国际奥委会执行委员会成员；在他发表该言论后，国际奥委会立即与他保持距离，发声明承认气候变化是真实存在的。2019年底，Kasper 宣布他将不会在未来竞选世界高山滑雪锦标赛主席的连任。

在过去的几十年里，全球变暖导致了山区的降雪量减少和冰川消退。而这导致了海拔1500米以下的阿尔卑斯山区的度假村越来越难以保证滑雪项目所需的积雪，尤其是在圣诞节期间，现在的滑雪季比1960年的缩短了38天。20世纪80年代初以来降雪量减少了41%，使得雪季缩短了34天，美国西部的滑雪胜地正困难重重。Scott 等（2019）的研究发现，在二氧化碳排放量较低的情况下，过去的21个地点里只有13个对未来2050年代的冬奥会保持着气候上的可靠。

与社会的所有领域一样，冬奥会也越来越多地需要考虑气候变化的影响。甚至于国际滑雪联合会（FIS）在2019年9月签署联合国气候变化倡议（UN Climate Change Initiative）时也认识到了这一点。

因此，大多数滑雪胜地都安装了雪炮（snow canons），以便在温度足够低时生产人造雪。事实上，现在在缺少人造雪生产能力的场地举办各种雪地赛事是不明智的。然而，人造雪经常因其需要大量的水和电以及对环境产生负面影响而受到批评。

过去几届冬奥会都已经面临着缺雪的问题。冬奥会主办城市因斯布鲁克

（1964）、都灵（2006）、温哥华（2010）、索契（2014）就是这种情况。为了克服缺雪这个难题，从1998年开始，冬奥会的比赛分为两个赛区。例如，温哥华市与惠斯勒一起举办了2010年奥运会，惠斯勒距温哥华120千米，海拔670米，周围环绕着海拔2000米以上的群山。

事实上，全球只有大约20个国家/地区的冬天足够寒冷和有足够的降雪量，可以以其目前的状态举办我们设想的冬奥会，分别是阿尔卑斯山（the Alps）、喀尔巴阡—高加索山脉（Carpathians-Caucasus）、斯堪的纳维亚半岛（欧洲）、美国和加拿大（北美洲）以及中国、韩国、日本和哈萨克斯坦（亚洲）。从理论上而言，安第斯山脉（the Andes）和新西兰阿尔卑斯山（New Zealand Alps）也可以举办冬奥会。智利的波蒂略（Portillo，海拔2880米，南美洲最古老的滑雪胜地）于1966年8月举办了世界高山滑雪锦标赛（Alpine World Ski Championships），但是在南半球举办冬奥会（即在北半球的夏季）将彻底打乱冬季运动的日常日程。这种情况很少发生。

二、体育城市化

相比而言，对冬奥会和奥运会产生更大影响的第二个趋势是城市化（urbanization）。全世界居住在城市的人口比例从1950年的30%上升到2018年的55%。根据预测，截至2050年，68%的人口将居住在城市（UN，2019），这主要是由于亚洲和非洲的城市的发展。

这一重大变化伴随着体育的城市化，其特点是在城市的公共场所开展体育运动，而不是在特定设施（体育场、游泳池、溜冰场等）或农村，尤其是山区。在城市街道上跑步和城市马拉松是产生该趋势的根源。在体育场馆的跑道上跑步做比赛前的热身，这是20世纪50年代之前和整个50年代最流行的跑步形式；后来被20世纪70年代的慢跑热潮所取代，这已经演变成现在所谓的城市跑步。当今世界上大多数的大城市都在开展群众参与式跑步活动，其中规模最大的是纽约马拉松赛。东京奥运会新增滑板（skateboarding）、冲浪（surfing）、攀岩（sport climbing）、空手道（karate）、三人篮球（3×3

basketball）和棒球/垒球（baseball/softball）。

相比而言，冬季运动比夏季运动更难去表征体育的城市化。大多数冰上运动已经从它们起源的室外溜冰场转移到室内场所。相比之下，尽管现在60个城市约有90个室内滑雪场，雪上体育项目通常仍然在特别改造的山坡上进行。

三、年轻人对新冬季运动项目的喜爱

近年来出现了可以被描述为"城市运动"的新的冬季项目，例如雪地排球（snow volleyball，2020年洛桑冬青奥会的表演项目）或3×3冰球（2012年因斯布鲁克、2016年利勒哈默尔和2020年洛桑冬青奥会的表演项目）或自由式滑雪大跳台（freestyle skiing big air，2022北京冬奥会被列为正式比赛项目）。更重要的是新的冬季运动的兴起，例如坡面障碍技巧（slopestyle）、越野滑雪（cross-country skiing）、大跳台（big air）、滑雪登山（ski mountaineering，也是2020年洛桑冬季青年奥运会的表演项目）、攀冰（ice climbing）、雪地滑板（snow board）、雪地自行车（snowbiking）和雪鞋健行（snowshoeing），这些都受到了那些打算从传统雪上运动转身离开的都市人的欢迎。2020年洛桑冬季青年奥运动会见证了速度滑冰（speed skating）回归其户外本源，如同1928年和1948年那样，在圣莫里茨（St. Moritz）结冰的湖面上举行比赛。然而，在国际滑联（International Skating Union，ISU）的坚持下，自1988年以来，冬奥会的速滑比赛均在广阔的室内场地举行，1992年阿尔贝维尔冬奥会除外。

冬奥会的更大程度的城市化可能会强化一些新的冬季运动（主要是雪上项目）或造成把奥运会项目中没有空间的室内夏季运动包括进来，如壁球（squash）、空手道（karate）、直排轮滑（inline skating）、越野跑（cross-country running）。自20世纪70年代以来，就有一些国际奥委会成员对此曾多次倡导，但这意味着修改奥林匹克宪章（需要2/3多数票），以取消关于冬奥会中体育项目必须在雪地或冰上举行的要求（IOC 2019a，rule 6.2[①]）。

[①] IOC（2019a）Olympic Charter in force as of 26 June 2019, Lausanne：International Olympic Committee.

体育领域的另一个可能影响未来冬奥会和奥运会发展的是电子竞技的兴起。例如，国际奥委会的 TOP 计划的重要国际赞助商之一的英特尔，利用 2018 年平昌冬奥会的筹备过程，为其《星际争霸 2》视频游戏举办了一场比赛，一种不会在雪地或冰上进行的电子竞技。比赛由一名年轻的加拿大女子赢得，第二名被一名韩国男子取得。

最近电子竞技的兴起模仿 1980 年代的"趣味"运动，如风帆冲浪、沙滩排球、冲浪、单板滑雪，这些项目已被列入奥运项目。这其实反映了年轻人对传统运动项目，尤其是冬季运动的兴趣日渐减弱的迹象。美国的相关研究称，从事冬季运动的 5 至 12 岁儿童的数量有所下降，而参与雪地运动的总人数停滞不前。即使在有着深厚滑雪传统的瑞士，自 20 世纪 80 年代以来，尽管该国人口不断增长，但单板滑雪板和双板滑雪板的销售量也有规律地大幅下降，当然了，造成这种销售量下降的可能还有其他影响因素。

自世纪之交以来，设备和服装（滑雪板、靴子、夹克等）制造商、滑雪胜地及国家体育组织和国际滑雪联合会（FIS）发起了许多旨在提高冬季运动参与率的举措，包括 Share Winter Foundation（美国）、青少年雪上运动（中国）、Snow Pass（加拿大）和 SnowKidz（FIS），但效果有限。冬季运动重新增长的希望来自中国，中国国家统计局调查公布了"三亿人上冰雪"目标已达成。

第二章　奥林匹克运动在中国

《中共中央关于制定国民经济和社会发展第十四个五年规划和二〇三五年远景目标的建议》明确提出，到2035年建成社会主义现代化"体育强国"。党的十八大以来，习近平同志多次强调建设体育强国的重要意义："建设体育大国和体育强国，是中国人民实现'两个一百年'奋斗目标的重要组成部分。""加快建设体育强国，就要把握体育强国梦与中国梦息息相关的定位，把体育事业融入实现'两个一百年'奋斗目标大格局中去谋划，深化体育改革，更新体育理念，推动群众体育、竞技体育、体育产业协调发展。"建设体育强国是时代赋予的新使命。体育强国以增强人民体质、提高民族健康水平为目标，与国家实现"两个一百年"的奋斗目标相契合。

2022年冬奥会和冬残奥会是奥林匹克运动的重要组成部分。2022年4月8日，在北京冬奥会、冬残奥会总结表彰大会上，习近平总书记在讲话中指出，北京冬奥会、冬残奥会广大参与者在冬奥申办、筹办、举办的过程中，共同创造了胸怀大局、自信开放、迎难而上、追求卓越、共创未来的北京冬奥精神。

习近平总书记一直提倡"奥林匹克精神"和"奥林匹克价值观"。诸如，"重大赛事最令人感动的未必是夺金牌，而是体现奥运精神。这正是中国人讲的'自强不息'""体育是一项神圣的事业""重在参与、自强不息、顽强拼搏"，等等。强调"体育是社会发展和人类进步的重要标志，是综合国力和社会文明程度的重要体现，能为经济社会发展增添动力，凝聚力量。现代奥林匹克运动发展至今已有百余年历史，奥林匹克精神超越国界，在全世界深入人心"。当今，奥林匹克文化从形式到内容，已成为全人类的共同愿望和激励人类不断创新的宝贵精神文化遗产。

第一节　奥林匹克运动在中国的发展

近代，中国曾被世界列强称为"东亚病夫"。1917年4月1日，毛泽东同志在陈独秀创办的《新青年》杂志上发表了一篇文章《体育之研究》，全文约7000字，把体育和国力联系起来，是早期的"健身强国"体育思想。毛泽东同志在文章中指出："国力苶弱，武风不振，民族之体质，日趋轻细，此甚可忧之现象也。"毛泽东同志提出："欲文明其精神，先自野蛮其体魄""夫体育之主旨，武勇也。武勇之目，若猛烈，若不畏，若敢为，若耐久，皆意志之事。"他认为体育锻炼具有强筋骨、增知识、调感情、强意志等许多好处，而"意志也者，固人生事业之先驱也"。在《体育之研究》中，毛泽东同志还介绍了很多自己的锻炼方法，如日光浴、雨浴、冷水浴、游泳、冬泳、登山、跑步、长途跋涉以及体操和拳术等。1928年第9届奥运会，中华全国体育协进会派宋如海作为观察员参加了阿姆斯特丹奥运会的开幕式。

毛泽东同志认为体育关系着国家民族的盛衰和兴亡，1942年在延安提出："锻炼身体，好打日本。"中华人民共和国成立后的1952年6月10日为中华全国体育总会成立大会题词："发展体育运动，增强人民体质"。

在教育方面，毛泽东同志提出："健康第一，学习第二。""我们的教育方针，应该使受教育者在德育、智育、体育几方面都得到发展，成为有社会主义觉悟的、有文化的劳动者。"他认为，身体是知识和道德的载体，在中学及以上应该实行德智体三育并重。

新中国成立初期，由于经济、体育、文化基础所限，我国承办的大型国际体育赛事并不多。伴随着我国国际影响力的进一步提升，体育事业与外交政策交相辉映。随着计划经济体制逐步向市场经济体制的转变，资源配置、社会财富分配和整个体育大环境均发生了巨大变化。从20世纪80年代起，我国体育管理体制开展了深层次变革，国家鼓励体育协会自主管理；强烈的行政主导特点的模式也逐渐开始朝着市场经济新体制转变。在此期间，竞技体育更是得到了国家的大力支持。从 1995 年开始，国家体育总局发布并实施了三个"奥运争光计划"，为我国运动员在国际体育赛事中收获好成绩起到了重要推动作用。国务院颁布《全民健身计划纲要》和《全民健身计划（2011—2015 年）》，促进了群众体育的发展。2007 年以来，体育管理系统又做了调整。在后北京奥运会时代，大众体育、体育产业和竞技体育都在不断发展。

20 世纪 80 年代，原国家体育运动委员会①推出了"举国体制"这一管理模式和运行机制，意即把资源集中于竞技体育运动。"举国体制"在 20 世纪 90 年代和 21 世纪初进一步发展，持续促进了竞技体育运动的发展（Fan 和 Lu，2012）。1995 年 7 月 6 日，国家体育运动委员会发布《奥运争光计划纲要》，强调获得奥运会奖牌的重要性。该计划意图通过多层次的管理和控制，高效、快速地发展竞技体育，进而取得更大成功。具体而言，它为 1994 年至 2000 年间举办的奥运会、冬奥会和亚运会制订了详细计划。例如，到 2000 年，应要有 17 000 名奥林匹克专业运动员和 4900 名专业教练；应要为奥林匹克运动提供更多资金；应要为运动员提供科学服务。该计划也为获得奖牌设定了具体目标，例如，在 1998 年冬奥会上，应赢得一枚金牌；中国运动员应在亚运会上继续保持领先地位。2001 年 11 月，在北京筹办 2008 年奥运会的大背景之下，国家体育总局发布了新版《2001—2010 奥运争光计划纲要》，为 2001 年至 2010 年间举办的奥运会、冬奥会和亚运会设定了更高目标。比如，中国运动员要在 2002 年冬奥会上实现金牌"零"的突破；把 2008 年北京奥运会办成奥运史上最出色的一届奥运会。

2011 年，国家体育总局再次发布新版《2011—2020 年奥运争光计划纲要》。该计划提出，2010 年至 2020 年是推动中华人民共和国成为体育强国的重要阶段。十年间，竞技体育不仅要继续保持金牌和奖牌总数的排名领先，还要注意各项目之间的结构平衡。竞技体育应重点扶持三大球、基础项目和部分冬季项

---

① 1998 年，原国家体育运动委员会改名为国家体育总局。

目的发展。自20世纪80年代以来，竞技体育受到重视。此外，自90年代以来，随着这一系列计划的颁布实施，中国运动员在国际体育舞台上取得了前所未有的良好成绩。然而，它也带来了所谓的"奖牌热"，引发我们思考竞技体育与群众体育之间的平衡关系。

1949年以来新中国经历了巨大变化的几个时期，体育已成为一个衡量中国经济和政治发展的指标（伍绍祖，1999）。

江小涓（2017）指出，现代技术特别是网络技术的发展，使得经济社会各个层面高度联通，引起广泛的资源重组与聚合，进而对传统服务经济理论提出根本挑战，包括服务业生产率低的假设不再成立、人们的消费理性发生变化。比如，出现了越来越多的纯粹的精神和心理消费。中超联赛转播权的高额天价，其中最重要的原因之一就是网络市场占据了重要份额。江小涓（2018a）在其关于体育产业的发表于顶级期刊《管理世界》的启示性文章中提出，"主流经济学界对其关注和研究很不够"。该研究从产业角度重点分析需求、供给、竞争、管制等决定资源配置的重要因素，预测我国体育产业的未来发展速度、规模、结构等。"中国已经进入发展的新时期，体育提供的健康与快乐，是人民群众美好生活愿望中的重要需求，极具增长潜力，极具社会价值。"在同年的另外一篇文章中，江小涓（2018b）提出，"今后若干年，精神和心理消费将构成未来GDP增量的主体。由于人口基数大，我们的现场观众、付费观众数量和产业规模等都将扩大5～10倍。"在这个过程中，通过改革开放和创新不断增强职业体育的吸引力至关重要。因此，"'比赛'确实创造了GDP，而且还将高速增长创造更多。这种增长来源于快乐与健康，具有经济和社会两重价值。"在随后的一篇文章中，江小涓（2019）提出：发布"46号文"距今已有5年，进入高质量发展新阶段，体育产业发展也面临新环境新条件。该研究开创性地分析出5年间体育产业发展环境的"八个新变化"——发展理念、发展水平、城市化、老龄化、技术应用、战略投资者、转播主体、教育理念。"八个新变化"预示着供给方和消费需求方的巨大潜力。与此同时，出现了"四个新挑战"——新运动项目出现、多元素娱乐项目出现、专业性和专注度下降、消费总时间约束。此文也为我国在不久的将来成为世界体育产业强国提出了应对挑战的"三点新思路"。

中国经济不断取得成绩的同时也面临各种风险挑战。深化经济体制改革，要按照高质量发展要求，以供给侧结构性改革为指引，做到微观主体有活力、宏观调控有度，才能不断推动经济发展，保持经济体制的创新力和竞争力。随着我国经济、社会等各方面的不断发展，体育的功能及作用日益凸显，体育对国民经济的贡献在不断上升，体育的全球化程度也日益显著。在体育产业方面，体育产业以服务业为核心，追求精神上的效用；而服务业的发展水平是衡量经济社会发展的重要指标。2019 年，我国体育产业提出要从高速增长逐步转向高质量发展。通过各种体育赛事的举办及宣传作用，人民群众参与体育和健身活动的机会增多、动力增强，而对体育文化的培养也将对体育产业的发展起着重要的作用。

一、北京 2008 年奥运会的收支情况

2008 年北京奥运会的举办具有里程碑式意义。1991 年，北京奥运会申办委员会（BOBICO）成立，在此之后，北京错失 2000 年奥运会举办权，最终在 2001 年 7 月 13 日获得了 2008 年奥运会的举办权。在政府性文件《北京市城市总体规划（2004—2020 年）》和《北京奥运行动规划》中提到了如下目标：将北京打造成为"国家首都，世界城市，文化名城和宜居城市"。

存在大量关于北京 2008 年奥运会方面的研究。例如，Owen（2005）认为，北京 2008 年奥运会与之前的历届奥运会相比，存在着一种可能的差异是劳动力资本的机会成本。如果中国的劳动力资本存在剩余或分配不当，那么奥运会所带来的就业机会就可以视作净社会成本为零而不是机会成本的转移。如果中国能够树立其正面形象，则可能会在旅游业和投资领域收获更多利益。这也是为什么北京 2008 年奥运会在环境和技术领域进行重大基础设施投资。值得注意的是，该研究对举办奥运会的净经济效益持怀疑态度。"到目前为止，还没有经验证据发现奥运会或其他大型体育赛事对经济有显著影响，如家庭收入增

加。"Zhang 和 Zhao（2009）从城市品牌化（city branding）这一角度研究了努力打造中国首都——北京这一品牌。基于对奥运会官方品牌战略的分析，以及人们对北京的态度调查，他们发现，在城市政府所塑造的形象和核心价值与游客和居民体验的现实之间存在着不匹配。论文认为，北京奥运会只对城市品牌存在着有限影响。

北京 2008 年奥运会是一次财政运营良好的奥运会。《北京奥运会财务收支和奥运场馆建设项目跟踪审计结果》[①]显示，截至 2009 年 3 月 15 日，北京奥组委收入达到 205 亿元，较预算收入增加 8 亿元；支出达到 193.43 亿元，较预算支出略有增加；收支结余超过 10 亿元。收入主要包括了国际奥委会开发的市场收入和电视转播权收入中按协议分配给主办城市的部分，此部分收入约占奥组委收入总额的 40%；北京奥组委根据主办城市合同，在国际奥委会授权下实施的市场开发收入，主要包括合作伙伴、赞助商、供应商等不同级别的赞助收入以及特许经营收入；门票、住宿、收费卡、利息、资产处置等其他收入。[②]具体见表 2-1。

表 2-1 北京奥组委收入——奥运会

项目	金额（总：205 亿）	
国际奥委会开发的市场收入和电视转播权收入中按协议分配给主办城市的部分	约占奥组委收入总额的 40%	
北京奥组委根据主办城市合同，在国际奥委会授权下实施的市场开发收入，主要包括合作伙伴、赞助商、供应商等不同级别的赞助收入以及特许经营收入	98.7 亿元	
门票、住宿、收费卡、利息、资产处置等其他收入	19.6 亿元	门票收入 12.8 亿元
		资产处置收入 2.4 亿元

《北京奥运会财务收支和奥运场馆建设项目跟踪审计结果》显示，按国际

[①] 来源：审计署二〇〇九年六月十九日公告。2005 年 9 月至 2009 年 3 月，审计署组织对第 29 届奥林匹克运动会组织委员会的财务收支情况和奥运场馆建设情况进行了全过程跟踪审计。

[②] 审计署.北京奥运会财务收支和奥运场馆建设项目跟踪审计结果［EB/OL］.2020-05-21［2009-06-19］. http://www.gov.cn/zwgk/2009-06/19/content_1344706.htm.

奥委会开支范围的有关规定和北京奥运会筹办工作中部门职责和项目划分的实际情况，北京奥组委共设有 28 个预算支出科目，按性质和用途可分为 8 个方面，具体见表 2-2。

表 2-2　北京奥组委支出——奥运会

项目（按性质和用途划分为 8 个方面）	金额（总：193.43 亿元）	
根据国际奥委会对于主办城市举办奥运会的场馆及周边环境的硬件设施要求，安排的场馆改造补贴以及赛时使用的帐篷、活动板房、围栏、隔断、管线等临时设施投入和租赁支出	39.62 亿元	
依据北京奥运会竞赛指南和技术手册，为满足国际单项体育组织和电视转播商的需要，安排的赛时计时计分系统、通信等技术支出	32.98 亿元	
用于竞赛、训练场馆等场地所需的体育器材购置、租赁支出，举办"好运北京"测试赛的支出以及赛时对各场馆的能源消耗、运行保障等补助支出	19.65 亿元	
根据主办城市合同及往届奥运会惯例，安排的赛时电视转播、住宿、交通、医疗、餐饮等服务支出	50.92 亿元	电视转播运行费用 17.23 亿元
		运动员、官员及贵宾住宿餐饮、车辆租赁、兴奋剂检测、医疗设备购置、定点医院补助等支出 33.69 亿元
用于开闭幕式的创意、组织、实施，火炬的境内外传递、奥运宣传和主题活动支出	12.72 亿元	北京奥运会火炬传递支出 3.12 亿元，北京残奥会火炬传递支出 0.2 亿元
		北京奥运会、残奥会开闭幕式共支出 8.31 亿元
		其他
用于支付工作人员工资和用于工作人员、志愿者的招募、培训、激励、制服等人力资源支出	14.24 亿元（北京奥组委用于志愿者招募、培训、组织运行等相关支出共计 1.71 亿元）	
北京奥组委行政办公、法律咨询，以及涵盖运动员、技术官员、工作人员和志愿者的人身保险和财产保险，收费卡等运行支出	18.46 亿元	
根据《主办城市合同》的约定，奥运会对残奥会的补助支出	4.84 亿元	

在残奥会方面，对于可从奥运会延续使用的设施、设备（如临时建筑、转

播、技术等），以及行政办公、人员工资、法律服务等与奥运会无法分割的支出项目，统一由奥运会预算负担。残奥会预算主要直接用于残奥会筹办和向残奥会运动员提供特别服务（如残奥会开闭幕式、火炬接力、体育器材、住宿、餐饮、制服、计时计分系统、医学分级、假肢轮椅维修等），按此口径计算，残奥会收入、支出均为 8.63 亿元。另外，值得注意的是，根据《北京奥运会财务收支和奥运场馆建设项目跟踪审计结果》，在北京奥组委预算之外，经国务院批准，财政部向北京市单独安排了中央专项彩票公益金预算 27.5 亿元用于北京奥运会相关项目，实际拨款 27.03 亿元，主要用于增加的临时设施改造和对安保、交通、废弃物清理等方面的补助。

总之，北京 2008 年奥组委实现了财务平衡。作为第一次举办国际最盛大赛事的发展中国家，仅从财务收支情况而言，与历届奥运会相比较，还算圆满。

第二节　北京冬奥会

新中国走过 70 年，人民群众不懈努力，社会文化发展，也会疑惑为何众多外国友人对中国文化的了解或理解仍停留在传统文化。以一种国际社会可以理解的方式展示中国文化和介绍真实的中国和北京，不仅有利于我国的未来发展，也有利于全人类的福祉。因而，通过冬奥会举办这一契机呈现中国文明积淀，展示中国社会发展的成果，希望全世界通过冬奥会了解北京乃至中国这些年来的发展变化。

一、北京冬奥会的申办

新中国成功举办了包括北京 2008 年奥运会（即第 29 届夏季奥林匹克运动会）在内的一系列的大型国际体育赛事及全国性赛事。回顾 2008 年至今的历程，我们不仅可以发现中国奥运理念的演变，也可以窥探到中国的发展变革。

2008年奥运会的成功举办极大地增强了中国人民的自信心和自豪感。

2013年11月5日，中国奥委会正式致函国际奥委会，提名北京为第24届冬季奥林匹克运动会的申办城市。2015年1月6日上午，北京2022年冬奥会申办委员会代表团向位于瑞士洛桑的国际奥委会总部提交了《申办报告》，承诺若申办成功，北京2022年冬奥会将于2022年2月4日（星期五）开幕，2月20日（星期日）闭幕；北京2022年冬残奥会将于3月4日（星期五）开幕，3月13日（星期日）闭幕（2022年中国的阴历大年初一是2月1日）。根据2022年冬奥会《申办报告》，选在这个时间段是因为这段时间是最有利于冬季运动的时间段。气温、湿度、风速等条件均能够达到冬奥会雪上、冰上比赛的要求；此时正值中国学校寒假期间，更有利于青少年观看、参与比赛以及参加赛会的志愿活动；这个时间段位于中国传统节日春节期间，丰盛的中国传统美食和丰富多彩的民俗文化传统将为参与者提供十分特别的难忘体验。

北京时间2015年7月31日，2022年冬奥会主办城市投票结果在马来西亚吉隆坡揭晓。北京携手张家口获得了第24届冬奥会和冬残奥会举办权。2015年12月15日，2022年冬奥会和冬残奥会组织委员会成立。2022年冬奥会和冬残奥会执行委员会为组织委员会的执行机构。组织委员会负责组织、协调冬奥会和冬残奥会全部筹备和举办工作。2018年2月25日，冬奥会正式进入北京周期。

二、北京冬奥会的举办

2022年冬奥会和冬残奥会（以下简称"北京冬奥会"）是继2008年北京奥运会后北京市再次举办奥运赛事。北京冬奥会共有七个大项和109个小项；残奥会包括六个大项和78个小项。北京冬奥会七个大项：滑冰（速度滑冰、短道速滑、花样滑冰）；冰球；冰壶；雪车（雪车、钢架雪车）；雪橇；冬季两项；滑雪（北欧两项、自由式滑雪、高山滑雪、越野滑雪、单板滑雪、跳台滑雪）。

这为北京和中国带来机遇和挑战。其中，北京冬奥会的一个焦点是如何让更多的社会公众更广泛地参与进来，充分调动包括当地居民、社会资本以及环保、交通、安保、文化、教育等各部门在内的利益相关者的参与积极性。此外，如何利用好市场运作机制和市场开发手段等也非常重要。

国际奥委会奥运会部修订的赛事交付计划和奥运会赛事整合路线图显示，北京冬奥会筹办和举办、总结的阶段可分为：

基础规划阶段（2015.08—2017.11）；

专项计划阶段（2017.12—2019.09）；

测试就绪阶段（2019.10—2021.09）；

赛时运行阶段（2021.10—2022.03）；

总结善后阶段（2022.03—2023.02）。

北京冬奥会不仅是一场体育盛会，更折射出中国推动构建人类命运共同体的价值追求。随着2008年奥运会和2022年冬奥会先后成功举办，北京成为史上首个"双奥之城"。北京冬奥会极大地激发了人民群众走出家门参与冰雪运动、参与全民健身的热情。中国体育代表团实现了历史性最优成绩的突破。此外，实现了两大突破，一是赛事项目数量前所未有，北京冬奥会7大项15分项109个小项。二是中国体育代表团人员规模前所未有，并最终取得了金牌榜第三位的历史最佳战绩。在全球面临百年未有之大变局以及新冠疫情冲击的特定背景下，奥林匹克格言在"更快、更高、更强"的基础上加入"更团结"。而北京冬奥会的主题口号"一起向未来"强调包容理念，提倡多元文化融合，这一与国际奥林匹克价值观高度契合的北京冬奥口号经过网络传播迅速成为全球热词和彰显大国精神的"文化名片"。

北京2008年奥运会之后，中国体育的三方面——大众体育、体育产业和竞技体育都在迅速发展，更多人注意身体和健康，更多人参加娱乐和体育活动。举国体制继续发挥作用，支持一些在国内和国际体育比赛中获得奖牌但不受市场欢迎的体育项目，如举重、体操和跳水。在2012年奥运会和2016年奥运会上，中国运动员继续保持金牌的好成绩。一些体育项目正在经历商业化和职业化，如足球、篮球、乒乓球和排球。各利益相关者对中国体育产生了更大影响，特别是职业联赛如中国足球超级联赛的赞助商。

中国体育产业发展重新再定位以来，体育管理结构发生了变化，社会资本发挥着日益重要的作用，出现了新的利益相关方，体育管理机构、社会社团组织、私营部门等的权力分享在一定程度上得到了改变。因而，在北京冬奥会的筹备及举办过程中，尤其重要的是如何全面考虑各个利益相关者的利益。张家口和北京处于不同发展水平，当地对冬奥会的准备及反应程度不同。相比北京，对于张家口而言，如何更好地利用这个一次性的机遇达到更为深远的地区发展目的非常值得深思。

以北京2022年冬奥会的《申办报告》为例。把其中对利益相关者的表述列示如下：

主题四　法律事务——利益相关方及职责

"中央政府部门、主办城市政府，中国奥委会、中国残奥委会，合作伙伴、赞助商和供应商、项目承包商、场馆业主、奥运村业主和酒店业主等企业，都将是北京2022组织工作的利益相关方。

中央政府、主办城市政府及其部门将直接参与北京2022组织工作，向冬奥申委提供政策、资金和人力资源的支持和保障。

中国奥委会、中国残奥委会都将参与冬奥组委工作，分别签署《联合市场开发计划协议》和《残奥会联合市场开发计划协议》，协助冬奥组委与各国家和地区的奥委会和残奥委会联络。

合作伙伴、赞助商和供应商、项目承包商、场馆业主、奥运村业主和酒店业主等企业将按照国际奥委会要求和具体协议规定，提供资金、产品和服务等。

各利益相关方签署的协议

中国政府及业务部门负责人已经签署了国际奥委会所有要求的全部承诺书，确保履行《主办城市合同》及其附件中所罗列的各项义务和责任。奥运村业主已经签署了承诺书，保证按照标准规划、建设与运行奥运村；酒店业主已经签署了承诺书，保证在房间可用性、房价等方面满足国际奥委会的各项要求。北京成为主办城市后,冬奥组委将与合作伙伴、赞助商、供应商、项目承包商、场馆业主等利益相关方签订具体协议,以明确各方的权利和义务。"

主题五　可持续性——利益相关方的参与

"北京 2022 持续发展理念得到了各利益相关方的高度认可。在政府组织与机构的大力支持下,冬奥组委鼓励公众、非政府组织、社会团体、企业等相关方积极参与北京冬奥会的筹办和举办,实现合作共赢。

政府机构主导和引领

政府机构是可持续发展的首要力量。中国政府全力支持北京冬奥会,把冬奥会融入京津冀协同发展国家战略。北京市、张家口市政府统筹推进冬奥会与城市可持续发展,制定实施环境保护、经济发展、城市建设、奥林匹克教育等领域的发展规划和具体措施,完善城市治理体系,密切与冬奥组委、非政府组织、社会团体、公众、企业等利益相关方的合作。

冬奥组委组织和协调

冬奥组委是可持续发展的建议者和重要执行者,制定冬奥会可持续发展方案,并组织实施;协调利益相关方提出建议、参与赞助、承接项目、志愿服务,共同为冬奥会可持续发展贡献力量。

公众和社会团体的支持与联系

冬奥组委可持续发展部门将广泛加强与研究机构和学术团体、非政府组织、商业部门和私营机构的沟通交流,搭建志愿服务平台,发动公众、非政府组织等参与北京 2022,协调利益相关方,使各方有序深度参与。通过新媒体方式搭建沟通互动平台,在志愿者、火炬接力、文化活动、口号征集、歌曲征集、教育活动等多个方面,广泛征求建议、听取意见,获得更多更好的认可和支持,营造共同支持奥运的良好社会氛围。"

三、北京冬奥会的财务信息

目前还无法获得有关北京冬奥会融资和经济影响的详细信息。在这里仅呈现一些冬奥会的目标和范围方面的指标。根据《北京 2022 年冬季奥林匹克运动会和残奥会申办报告》，北京 2022 年冬奥会的部分费用如表 2-3 所示。

表 2-3　北京 2022 年冬奥会的费用——城市活动和文化广场预算

（单位：百万美元）

活动	由奥组委承担	由主办城市政府承担	共计
开幕式	31.0		31.0
闭幕式	13.0		13.0
2018 平昌奥运会闭幕式上的旗帜交接仪式	0.4		0.4
颁奖仪式	3.6		3.6
各国家（地区）奥委会代表的欢迎仪式	0.5		0.5
文化项目	9.8	11.2	21.0
火炬接力	11.6	3.4	15.0
城市活动和文化广场预算		90.0	90.0
教育项目	1.0	82.0	83.0
体育活动		50.0	50.0
总计	70.9	236.6	307.5

第三章 体育协会的治理

本章的第一节分析体育协会治理的国际发展历程，第二节是关于奥运著名学者瑞士洛桑大学 Chappelet 教授学术访谈录的访谈资料呈现。

第一节 体育协会治理的国际发展历程

一、问题的提出

过去几十年以来，中国经济、政治和文化均发生了一系列变化，随着计划经济逐步向市场经济转型，资源配置、社会财富分配方式和整体的体育运行大环境都发生了很大的变化，进而引发了整个体育管理机制的重塑——从计划经济下的自上而下到社会主义市场经济下的一种类似网络状的管理模式。体育领域的主要利益相关者发生了变化，它们之间也在经历相互作用的动态演变，进而对体育事业管理乃至政府职能转变提出了新的要求。成功举办一场体育赛事，反对使用兴奋剂、反对体育暴力、反对操纵比赛等都需要体育组织与国家/区域/地方政府之间的紧密合作。这既涉及尊重体育组织的自我管理，也对其管理能力提出了更高要求。自治需要与合适的管理相结合，体育管理则需要着眼于维护主要利益相关者的权利。一直以来，各种体育组织之间的国际交流颇多。国际赛事中，我国的体育协会在国际竞争的一线，会涉及与赛事组委会交涉解决诸如裁判判决不公等各种问题。我国政府及民众不再如以往那样崇拜体育比赛名次及金牌数目，而是更加关注在国际体育赛事这个国际舞台上是否充分展示了我们的体育精神，这也对我国体育协会如何迎接更高水平的国际挑战提出了新的更高要求。

体育领域的治理理念极具研究价值，通过对其的研究分析将会为我们展示体育体系中不同利益相关者之间的相互作用。体育协会既涉足商业领域，又属于公共领域范畴；无论是国家级的还是国际性的体育协会都需要提升自身管理水平。

近年来，各种体育组织屡屡暴露出治理失调，如腐败丑闻和管理效率低下，2002盐湖城冬奥会贿选案、2015国际足联腐败案、2016俄罗斯兴奋剂案。这引发了各界人士对于体育治理的极大关注。而在这方面，国内相关研究较少。国内对全球体育治理的研究包括：国际奥委会参与全球体育治理的角色和地位；联合国参与全球体育治理议题与全球体育治理秩序变革；中国参与全球体育治理的阶段和治理特征；中国体育强国建设的外交策略；人类命运共同体与全球体育治理变革的中国方案等。那么，中国怎么认识国际体育组织（体系）治理变革，并如何应对呢？

二、关于体育治理的理论

自治和善治理论是体育治理领域里非常重要的代表性理论。自治，至少在欧洲，被认为是现代体育组织的一个特征（Chappelet，2016）。自治被视作体育及体育组织的根本之所在，Chappelet（2010）在体育领域自治的定义包括以下几个方面。体育自治是在国家层面、欧洲层面和国际法的框架内，非政府和非营利性体育组织可以做到："1.自由地制定、修改和解释适合其体育运动的规则，没有受到不正当的政治或经济影响；2.不受国家或第三方干涉民主地选择领导；3.从公共或其他来源获得足够的资金，而没有不匹配的义务；4.利用这些资金实现目标并开展活动，而没有严重的外部约束；5.与实现这些目标相一致，同公共部门一起协商制定合法标准。"Chappelet（2010）认为，体育系统的自治基本上有两种形式：横向自治（horizontal autonomy）和纵向自治（vertical autonomy）。"横向自治"是指"地方、区域、国家、欧洲或国际级别的体育组织对应其同一级别的相应公共机构所享有的自治。""纵向自治"是"同一项体育运动中或在多项体育比赛中较低级别的体育组织相对较高级别的体育组织所享有的自治。"

Gao（2016）在其研究分析中认为自治（autonomy）包含 4 个不同的维度：法律自治（legal autonomy），经济自治（financial autonomy），层级自治（pyramidal autonomy）和政治自治（political autonomy）。法律自治：表示在何种法律程度上中国的各体育协会能够履行其主要功能，且具有对整个国家层面体育事务的法律影响力，而无须被相关法律框架所限制。经济自治：表示在何种程度上中国的各体育协会能够履行其主要功能，而不依靠外部的公共资金的支持、内部的相关金融资源或某一个单一的商业实体赞助。层级自治：表示在何种程度上中国的各体育协会能够履行其主要功能，而免于受到同一层级相关部门的影响。政治自治：表示在何种程度上中国的各体育协会能够履行其主要功能，而免于受到来自相关部门的政治干预。

体育善治（或好的治理）原则，相关条例举例如下：

Article 81 of the EC Treaty（ex Article 85）

1. The following shall be prohibited as incompatible with the common market：all agreements between undertakings, decisions by associations of undertakings and concerted practices which may affect trade between Member States and which have as their object or effect the prevention, restriction or distortion of competition within the common market, and in particular those which：

（a）directly or indirectly fix purchase or selling prices or any other trading conditions；

（b）limit or control production, markets, technical development, or investment；

（c）share markets or sources of supply；

（d）apply dissimilar conditions to equivalent transactions with other trading parties, thereby placing them at a competitive disadvantage；

(e) make the conclusion of contracts subject to acceptance by the other parties of supplementary obligations which, by their nature or according to commercial usage, have no connection with the subject of such contracts.

2. Any agreements or decisions prohibited pursuant to this Article shall be automatically void.

3. The provisions of paragraph 1 may, however, be declared inapplicable in the case of:

- any agreement or category of agreements between undertakings;

- any decision or category of decisions by associations of undertakings;

- any concerted practice or category of concerted practices, which contributes to improving the production or distribution of goods or to promoting technical or economic progress, while allowing consumers a fair share of the resulting benefit, and which does not:

(a) impose on the undertakings concerned restrictions which are not indispensable to the attainment of these objectives;

(b) afford such undertakings the possibility of eliminating competition in respect of a substantial part of the products in question.

Article 82 of the EC Treaty (ex Article 86)

Any abuse by one or more undertakings of a dominant position within the common market or in a substantial part of it shall be prohibited as incompatible with the common market insofar as it may affect trade between Member States.

Such abuse may, in particular, consist in:

(a) directly or indirectly imposing unfair purchase or selling prices or other unfair trading conditions;

(b) limiting production, markets or technical development to the prejudice of consumers;

(c) applying dissimilar conditions to equivalent transactions with other trading parties, thereby placing them at a competitive disadvantage;

(d) making the conclusion of contracts subject to acceptance by the other parties of supplementary obligations which, by their nature or according to commercial usage, have no connection with the subject of such contracts.

第二节 瑞士洛桑大学Chappelet教授学术访谈录

Chappelet教授先后就读于美国康奈尔大学、法国蒙彼利埃大学，获应用数学博士学位。20世纪80年代，曾担任国际奥委会（IOC）信息技术部部长。1993年，担任瑞士高级公共管理学院全职教授，在2003年至2011年期间担任该院院长，先后受邀在法国里昂大学、加拿大渥太华大学和比利时鲁汶大学担任特聘教授。Chappelet教授出版著作十余部，发表学术论文七十余篇，并担任多个学术刊物的审稿专家。自1972年慕尼黑奥运会以来，Chappelet以各种身份参加了奥运会、冬奥会及青奥会共计22次，曾任高级体育组织管理硕士项目（MEMOS）主任，并荣获2002年法国体育局授予的青少年体育勋章。长期以来，Chappelet对瑞士瓦莱州和洛桑市的体育发展战略提供大力支持，并为多个奥林匹克申办委员会提供咨询和建议，曾担任2002年和2006年冬奥会候选城市瑞士锡永（Sion）的技术总监。

1.Q：关于奥林匹克新格言的阐释，您有什么想给我们介绍的吗？

A：新的奥林匹克格言在顾拜旦20世纪初提出的"更快、更高、更强"三字格言（实际上是拉丁语："Citius、Altius、Fortius"）的基础上又增加了"更团结"。关于从拉丁文来的翻译一直存有很多争议。有些人认为最初的格言与可持续发展格格不入，因为它意味着无限增长。国际奥委会在21世纪初放弃了这句座右铭，当时把它从国际奥委会的信笺抬头去掉了，而只保留了奥运五环。巴赫通过添加"更团结"（拉丁语中的"Communiter"），使这句格言更具包容性。

2. Q：综合性的奥运会在现代社会中存在的意义，有新阐释吗？

A：奥运会不仅仅是围绕着大约 40 个体育项目所举办的一系列世界锦标赛，它是人类多样性和统一性的象征。没有其他任何大型活动可以将 200 多个国家团结于一处。

3. Q：奥林匹克运动与现代体育的关系是怎样的？

A：奥运会与其说是一项体育赛事，不如说是一项媒体盛会。不同的体育项目/分项吸引着不同的文化，但每个国家都至少有（或应该有）一个分项。

4. 国际体育治理评估

Q：一直以来，您致力于研究和推广国际奥委会等国际体育组织的指标和评估。

1）您怎么看待奥运会影响研究框架？该评估框架是否是可持续的和可比较的呢？

2）国际体育组织需要遵循透明度、问责制和民主等善治原则。此外，各个体育组织有将近 50 个不同的框架中包含的治理原则和指标。对此，您有什么看法呢？

3）能否为我们介绍一种评估奥林匹克表现的方法，并描述其评价标准。

A：1）影响研究是体育组织绩效研究的第一步。现在有更复杂精密的框架，例如最近我在 Journal of Global Sport Management（JGSM）期刊的一篇文章中所提出的"奥林匹克钻石"[1]。

2）21 世纪以来，体育组织、学者和政府间组织定义了许多组"'良好的'体育治理原则"。在我与 Michaël Mrkonjic 的 BIGGIS 论文[2]中，我们确定了 40

---

[1] Chappelet（2019）提出了一个新的框架，用于评估奥运会绩效的两个核心方面：交付和遗产。Chappelet 教授称该框架为"奥林匹克钻石"，是基于管理绩效和公共政策评估的经典概念，由管理人员和政治学者历经多年所开发出来的，用来衡量公共行动。事实上，奥运会已经成为一种公共政策/项目，或者更准确地说，成为一个特定区域（城市、地区、国家）内公共当局和私人行为者之间的一种伙伴关系。这种伙伴关系要求公共机构在 12 年或更长的时间内与私营非营利组织和营利公司密切合作，去实施一系列的广泛措施。

[2] J Chappelet, M Mrkonjic. Basic indicators for better governance in international sport（BIBGIS）: an assessment tool for international sport governing bodies, 2013.

多组这样的原则,并表示了最好是定义关于治理方面的明确的指标/问题,而不是无法衡量的模糊原则。这项工作得到了奥运会国际单项体育联合会协会(ASOIF)及其治理工作组(Governance Task Force)的认可,它们定义了治理的50项指标。这些指标已在2017年、2018年和2020年针对所有(夏季)奥运会项目的国际单项体育联合会进行了衡量,并将在2022年再次进行衡量。它们现在已成为行业标准。

3)绩效和治理是两件不同的事。您可以使用治理工作组指标衡量体育治理。而对于某件体育赛事的绩效,您则必须决定其目标、投入、产出和结果——这就是"奥林匹克钻石"。

5. 运动员

Q:在过去的二十年中,运动员不断地在国家和国际组织中要求更大的发言权,尤其是在奥运会等大型赛事方面。体育组织应该如何应对这些需求呢?这方面您有什么创新性的建议呢。

A:体育组织应该通过不同的机制,例如运动员委员会,以及可能给精英运动员更多的奖金或出场费,逐步让运动员有更多的发言权。

6. 利益相关者

Q:奥运赛事的复杂性可能会带来一系列的管理挑战。应该如何从利益相关者的视角,围绕包括组委会、观众、社区团体、赞助商、东道国政府、媒体和非政府组织等进行分析并概述利益相关者的参与标准(例如可持续性和遗产)?

A:"新"的利益相关者(运动员、公民团体、法院)和"旧"的利益相关者(政府、赞助商、媒体)应该更好地合作,从而使得成功的(和可持续的)体育赛事可以造福主办城市和地区。

7. 媒体

Q:您如何看待奥林匹克运动会和媒体的关系?

A:奥林匹克运动会是世界上最具影响力的大型活动之一,进而与各种形式的媒体有着密切的关系。顾拜旦早就认识到了大众传媒的重要性,他通过报纸和杂志来大力宣传奥林匹克运动会（Slater，1998）。从现代奥运会开始，为了满足美国"体育热"的需求，在"体育专栏"设置"体育作家"栏目（Slater，1998；MacAloo，1981）。"与那些以英雄、历史，甚至神话的方式复述奥运表演的报纸和杂志相比，在1932年和1936年的奥运会上，广播媒体（radio）作为一个国际赛事的见证，能够把国际性的体育赛事向全世界报道，令全球观众感觉得他们好像亲临现场似的"（Liu，2016）。当时，在电视普及前，印刷出版业一直是奥运新闻的主要来源："事件见证功能"已经超过了"布告栏/记录保存功能"（Roche，2000）。Liu（2016）研究了媒体在2004年雅典奥运会、2008年北京奥运会和2012年伦敦奥运会的组织和推广中的作用和变化。他发现21世纪初的这三届奥运会，社交媒体（网络线上和移动电话平台）的用户数量、用户覆盖率和使用频率都发生了指数级变化。这三届奥运会见证了媒体自身发展的重大转折点——它逐渐摆脱了报纸、杂志、广播、电视等传统媒体形式，转向了互联网式的社交媒体和移动电话平台的新媒体形式。20世纪末以来，许多学者关注媒体与奥运会或奥运组织之间的关系（Slater，1998；Kidd，2013）。有的是从历史和商业的视角（Slater，1998），有的是从文化、国际、超国家和全球视角（Roche，2000）。在2004年到2012年这一时间段内，媒体不仅是传递整个奥运会进程的载体，也是"以赛事为基础的大众文化形态"和"社会运动"的重要组成部分（Roche，2000）。因此，奥运媒体的发展反映了不同时期的媒体的功能，也指明了其模式和对奥运会本身的影响。21世纪初奥运媒体的主要功能，仍然部分遵循了新闻的传统功能，即知会（新闻功能）、劝说（广告功能）、娱乐（特色功能）、传承文化遗产（教育功能）。在1936—1964年，电视台于1936年8月1日在柏林开始改变举办奥运会的性质，开启了"体育的电视时代"（Slater，1932）。随着电视的日益普及，奥运会发展成为一个"媒体事件"。根据Roche的说法，"成为媒体事件的一个标准是，许多国家的人们都感到有义务去观看并感到有幸目睹这一事件"（Roche，2000）。因此，电视的普及为参与者提供了"在场"的可能性，即使是通过移动图片、信息和评论等方式做了补偿。Dayan和Katz指出，"电视事件"有三个不可或缺的合作伙伴：组织者、广播公司和观众。组织者的主要职能是合理分配奥运会所需的一切要素；广播公司的主要职能是向观众复制和传递有关奥运会的信息；观众的主要任务是从广播中接收信息并见证比赛（Liu，2016）。

8. Q：在世界性疫情背景下，日本和国际奥委会为什么共同做出推迟而不是取消奥运会的决定？

A：国际奥委会的使命是确保（夏季和冬季）奥运会每四年举办一次。取消奥运会并非国际奥委会的职责所在。国际奥委会鼓励日本把奥运会推迟一年举办，而日本对此的态度是完全同意，由于其国际声誉、软实力、国家品牌以及大部分投资均已在2020年完成，如若取消，将造成大量的合同违约，尤其是"主办城市合同"，这将产生难以估量的法律后果。

9. Q：在比利时安特卫普举办1920年奥运会前，大流感已经暴发并席卷全球，造成上千万人死亡，同样受到过广泛争议。您能为我们介绍下吗？

A：在1920年安特卫普举办奥运会时，大流感已经在欧洲广泛传播。然而，一个世纪前的奥运会远没有今天这么大的规模：可能仅有不到10 000人聚集于此。但东京2020年奥运会也向我们证明了：尽管对跨文化交流的限制不是那么可取，但在一个"气泡"中组织奥运会也是可能的。

10. Q：怎么看待东京奥组委在防疫方面暴露出来的问题呢？东京奥运会对全球而言有何重要的意义？东京奥运会给奥林匹克运动带来了什么改变吗？

A：东京2020奥组委成功地组织了所有的奥运比赛，这对于运动员、日本和奥林匹克运动的所有组织［包括国际奥委会（IOC）、国家奥委会（NOCs）、国际单项体育联合会（IFs）、国家单项体育联合会（NFs）］都很重要。如果可能的话，北京可以向东京学习，在闭环管理当中尽可能提供机会，以促进跨文化交流。

11. Q：不论东京奥运会是否造成巨大的经济损失，对于很多受困于疫情的人而言，观看奥运会比赛本身就能带来释放和鼓励。但是，近些年的奥运会收视率低迷，尤其在年轻群体当中。您对此怎么看？有何解决途径？

A：东京奥运会的电视收视率是有点低迷，但仍然是众多电视节目中收视率最高的，在社交媒体上受到的关注也很多。年轻人更容易被有趣的运动（如滑板、摔跤、冲浪等）所吸引，因此应该在冬季运动会中引入年轻人喜欢的分项。

12. Q：您是怎么看待并列跳高冠军这一事件的呢？

A：确实很不寻常。我认为国际单项体育联合会的规则（在该情况下是世界田联）必须有所改变，从而避免将来再次发生这样的事。奥运奖牌必须是由比赛所决定的，而不是运动员之间的协议。

13. Q：您怎么看待肖若腾和杨健的遗憾与评分类项目的规则性？

A：所有赛事结果是基于裁判给出的成绩，而不是米、秒或完成的项目中都存在的一个问题。还有很多这样的项目（体操、拳击、花样滑冰等）。

14. Q：关于未来的冬奥会将会在哪些城市举办，您是怎么看的呢？

A：20世纪90年代以来，气候变化、体育城市化以及年轻人对高山滑雪和北欧滑雪等传统冬季运动项目的兴趣的下降，国际奥委会在评估潜在候选主办城市时应采用哪些标准呢？国际奥委会应该"邀请"哪些城市参加申办，才能符合其挑选奥运城市的新指南的要求呢（IOC，2019b）？国际奥委会已经宣布的哪些城市应该举办2030年冬奥会呢（McCullagh，2020）？

鉴于前面所述，评估一个城市能否成功举办冬奥会应考虑三个因素——城市的位置和所在大洲，城市的冬季气候以及城市面积，再加上民众对举办奥运会的支持（IOC，2019b）。

为了确保奥运会保持普遍性，在各大洲/地区之间从一届到下一届的轮换，不是强制性的，也不是《奥林匹克宪章》规定的，但这是自1972年札幌冬奥会以来一直适用的原则。此外，自1956年以来，奥运会和冬奥会连续是在不同的大洲举行（除了2004年雅典/2006年都灵和2018年平昌/2020年东京奥运会）。非洲不能被考虑在内，因为它没有足够的雪，虽然摩洛哥和南非也有一些滑雪胜地。另一方面，可以考虑新西兰（甚至澳大利亚）和安第斯山脉，尽管这将涉及体育历史的重大变化。事实上，基督城（Christchurch，新西兰第三大城市）曾多次考虑申办冬奥会（Greenhill，2011）。因此，从地域角度来考虑，并鉴于2026年的冬奥会已经授予欧洲（米兰），那么中亚、东北亚和北美的城市应该首先考虑。进一步应用普遍性原则表明了，一个北美城市比一个亚洲城市更有可能被选为2030年冬奥会的主办城市，因为自2002年盐湖城和2010年温哥华以来，北美没有举办过冬奥会，而亚洲城市则主办了2018年和2022年冬奥会。2028年奥运会计划在洛杉矶举行，可能会降低北美城市举办2030年冬奥会概率。

在气候方面，即使受到全球变暖的影响，东北亚和北美大部分地区的冬季是寒冷的。北京、东京、首尔、丹佛、盐湖城、蒙特利尔、多伦多和卡尔加里，这几个潜在的大型主办城市，2月份的气温均低于零度。接受了一个主办城市远离山区以及比赛场地之间日益更远的距离的想法，大大增加了潜在主办城市的数量。这是2022年和2026年奥运会的模式。北京2022冬奥会的大部分雪上项目赛事在北京和张家口（距北京200千米）进行；尽管（城市）自由式滑雪在北京首钢园区的人工雪坡上进行。类似的，2026年米兰冬奥会的比赛将在科尔蒂纳丹佩佐（Cortina，距离米兰400千米）、瓦尔迪菲姆（Val di Fiemme，距米兰300千米）和博尔米奥（Bormio，距米兰200千米）等地举行。而斯德哥尔摩申办2026年冬奥会的地方包括了距离斯德哥尔摩600千米的奥勒（Åre）。

最小程度考虑气候因素的奥运城市无疑是2014年的索契，它位于黑海旁，是沙皇时代的避暑胜地，完全从无到有建造了一个奥林匹克公园（用于冰上体育运动和仪式）；并大大扩展了Roza Khutor滑雪胜地（距离索契40千米），从而它可以举办滑雪（skiing）、有舵雪橇（bobsleigh）和无舵雪橇比赛（luge competition）（Müller，2014）。之所以做出如此巨额投资，是因为索契是唯一一个距离山脉足够近的俄罗斯城市，可以取代Alma-Ata［现在位于哈萨克斯坦的阿拉木图（Almaty）]，著名的 Médéu 速滑场的所在地，该溜冰场曾是苏联的冬季运动训练中心。（阿拉木图申办 2014 年和 2022 年冬奥会均未成功。）

随着国际奥委会越来越愿意将冬奥会的举办权授予距离能够举办雪上项目赛事的山区很远的城市，因此在选择主办城市时，气候不再是一个限制因素。事实上，主要的限制反而很可能是对赛事形象所带来的可能性损害，如果冬奥会被普遍认为是在"温暖"的城市举行。这是 2014 年索契冬奥会的情况，也可能是 2026 年米兰冬奥会的问题，甚至 2022 年北京冬奥会也是如此（尽管北京的冬天非常寒冷）。观念往往比现实更重要。例如，虽然加拿大温哥华的气候相对温和（2010 年冬奥会期间天气温和），但该城市所在的国家以严冬而闻名。同样，索契被普遍认为是"合法的"冬奥会主办城市，因为俄罗斯被认为是和非常寒冷的冬天相联系的（确实除了黑海之外是这种情况）。

当然，需要为冬奥会提供近 23 000 间酒店客房，以容纳国际奥委会委员和工作人员、裁判员、随行人员等（IOC，2018：24）和一个为运动员及其随行人员提供约 5000 张床位的奥运村（IOC，2018：211），这是在大城市举办冬奥会的主要理由。大城市不仅往往有许多高质量的酒店，而且大城市在奥运会后更容易将奥运村改造成住宅公寓，重复利用奥运村。要想不从全新开始建设奥运村，唯一的选择是当地有一所大学，该大学有足够的学生宿舍，可以在奥运会期间提供（如 2020 年的洛桑），也可以为奥运会扩建（如 2002 年的盐湖城）。然而，任何偏远的场馆都需要在附近有第二奥运村，就像 1992 年阿尔贝维尔冬奥会和 2006 年都灵冬奥会一样。

《奥林匹克 2020 议程》（IOC，2014）呼吁主办城市尽可能使用现有的体育设施，除非建成的设施在奥运会后有用。这项规定既鼓励了场馆的分散，也为来自大城市的申办提供了显著的优势，因为大城市比度假村更有可能拥有举办奥运会所需的高容量体育场（用于仪式）和运动场（如冰球、花样滑冰、短道速滑场地等）。一个大城市也可以更容易地重复使用（长道）速滑所需的巨大场所。例如，都灵将其速度滑冰场改建为展览中心，温哥华将里士满椭圆形速度滑冰场改建为多体育中心。使用现有设施也有利于最近主办过奥运会（尤其是冬奥会）、维护了其设施并具有举办活动经验的城市/地区。事实上，2012年、2016年和2024年冬青奥会都授予了前奥运城市（因斯布鲁克、利勒哈默尔、平昌江原）所举办。

自然地，居民和游客可以在城市公园观看体育表演和尝试各种项目，这已成为许多奥运会（包括青奥会）的特色，如2018年布宜诺斯艾利斯、2020年洛桑、2020年东京，特别适合居住人口众多的城市环境（他们不一定要购买奥运会门票，因为奥运会门票越来越难获得）。事实上，这仅仅是许多足球赛事的"球迷区"的发展以及为2000年悉尼奥运会发明并在2010年温哥华冬奥会和2012年伦敦奥运会上重复的"现场"概念的发展（McGillivray，2019）。这向我们展示了，奥运会不仅仅是两周的竞技运动，还必须是参与者及东道主社区的一项持久的社会和文化活动。

最后，国际奥委会希望奥运会的未来能在公众支持奥运会的城市/地区举行。确保这一关键条件得到满足是冬奥会和奥运会的未来主办委员会（Future Hosts Commissions）所应该发挥的作用（IOC，2019b：5）。这些委员会可以帮助感兴趣的城市展示举办奥运会的好处，并就开展正式公共咨询程序提供建议（这些仍然是非强制性的，但尽可能被推荐）。在最初有兴趣申办2022年（克拉科夫、慕尼黑、圣莫里茨）和2026年（卡尔加里、因斯布鲁克、圣莫里、锡安）冬奥会的几个城市举行了负面公投，以及奥斯陆2022年和格拉茨2026年公投之后，未来主办委员会开始关注强势的公众支持。

国际奥委会的未来主办委员会将会与候选城市进行保密讨论，以测试他们的兴趣的强度，鼓励他们为自己的社区和奥林匹克运动制定一个奥运愿景，帮助他们设想与城市或地区的长期发展计划相一致的最好的提案，可能将会访问城市，并向国际奥委会执委会报告每个申请的挑战和机遇（参见IOC，2019b：5和7中的流程图）。然后，委员会必须向执委会推荐一个或多个城市，以便它可以向全会（Session，所有国际奥委会成员）提出一个"战略方向"（IOC，2019b：5），然后会议将选择未来的主办方。根据2019版的《奥林匹克宪章》（IOC，2019a），主办方"原则上"应该是一个城市而不是一个地区。事实上，在 2019 年，第四届冬青奥运会被授予了江原道省，平昌是 2018 年冬奥会的主办城市，位于韩国。

15. Q：中国承诺会在北京冬奥会中满项参赛，但一些冰雪项目在中国却是一片空白，而且几乎没有任何其他国家在承办奥运会时提出过满项参赛的目标。对此您怎么看？

A：不论成绩如何，东道国运动员都能自动获得奥运会的参赛资格。大多数东道国都有专门的奥运备战计划。例如在加拿大，这就被称为"拥有领奖台"（Own the Podium）。东道国身份会让其运动员在所有大项/分项中表现得更加出色，特别是为运动员提供弱分项的特殊课程/实习。

16. Q：为确保北京 2022 年冬奥会顺利召开，有哪些细节是值得特别注意的呢？

A：没有重大问题的准时交付是必不可少的，但遗产，包括短期遗产影响和长期遗产传承，也是必不可少的。应该在奥组委之外设置一个拥有长期（公共）资金的专门机构来负责管理遗产。

17. Q：从国际奥林匹克大家庭的视角出发，您是如何看待 2022 年北京冬奥会的？

A：冬季项目运动员们期盼着北京 2022 年冬奥会的举办。奥林匹克运动渴望这届奥运会能够在没有争议的情况下举行，因为这可以减少来自媒体的影响。气候限制与国际奥委会推广普及奥运会的政策背道而驰。自 1968 年墨西哥城奥运会（在拉丁美洲举办的首届奥运会）以来，该政策或多或少地适用于奥运会。当时，国际奥委会认可奥运会不能再仅仅于欧洲、北美或其他所谓的"发达国家"（如 1964 年的日本和 1956 年的澳大利亚）举行，而必须采取措施把其他大洲也包括在内，特别是亚洲（1988 年的首尔和 2008 年的北京）和南美洲（2016 年的里约）。冬奥会则相对缓慢：1972 年札幌冬奥会之后，直到 1998 年长野冬奥会（再次在日本），冬奥会才回到亚洲，尽管此后冬奥会举办权被授予平昌（2018，韩国）和北京（2022，中国）。气候变化是户外体育所面临的主要难题，尤其是冬季雪地项目（高山滑雪、北欧两项、单板滑雪、跳台滑雪、冬季两项等）。冬奥会和冬季体育运动将不得不演化以便能充分考虑到这种变化。

18. Q：《奥林匹克宪章》第2条第14款阐述国际奥委会的部分角色时说"在主办城市和主办国家推进积极的奥运遗产"。中国也有学者[①]对此予以重点关注并开展相关研究。对于中国国内普及度并不高的体育运动项目应该如何考虑其场馆的赛后运营？相应市场的潜力在哪里呢？

A：滑冰环型道通常很容易在体育或其他活动中重复使用；如果当地滑雪者的人数不断增加，那么滑雪场和设施（升降机、小屋等）可以重复使用；雪车/雪橇的滑行场地和滑雪跳台很难再利用，因为使用者很少，但设施存量很多。

19. Q：冬奥场馆与奥运会场馆的管理机制是否存在明显差异？

A：如果让我说的话，它们的管理机制和基本原理是相似的，区别只是二者的规模差别很大。但与奥运会相比，冬奥会由于运动项目的普及度相对较低，仅靠赛事维持财务可持续性的困难更大，中国也有学者[②]对此予以重点关注并开展相关研究。除此之外，气候变化是户外体育所面临的主要难题，尤其是冬季雪地项目（包括高山滑雪、北欧两项、单板滑雪、跳台滑雪、冬季两项等）。

20. Q：与其他冬奥举办国相比，在赛后运营方面我们拥有哪些优势，能够让我们取得哪些效益？

A：虽然冬季项目中的部分设施非常特殊，必须重新建造，但北京冬奥会中可以使用2008年奥运会中的一些设施——我们欧洲在整个20世纪就是这么做的。其主要的好处可能是促进中国的冬季运动和旅游业的发展，就像20世纪60年代和70年代在欧洲、北美和日本那样。

---

① 任慧涛，易剑东.2020年东京奥运会资源可持续管理实践及对我国大型体育赛事的启示[J].上海体育学院学报，2020，44（6）：31-39.

② 任慧涛，易剑东.2020年东京奥运会资源可持续管理实践及对我国大型体育赛事的启示[J].上海体育学院学报，2020，44（6）：31-39.

21. Q：国外冬奥会体育设施的使用年限与北京2008年奥运会是否有明显区别？我们是否可以有自己独特的做法？

A：北京是迄今为止举办冬奥会最大的城市。未来的冬奥会将更多地依赖现有设施，例如，米兰—科尔蒂纳丹佩佐2026年冬奥会。

22. Q：中国运动队管理长期以来存在着运动员权益保护不够、管理层激励机制不畅等问题，但是在这个体制下我们运动员也取得了令人骄傲的竞技体育成绩。您是怎么看待这个问题的？

A：我相信，中国运动员们正在经历着20世纪欧美运动员曾经历过的类似事情。中国运动员会像他们的体育组织那样随着岁月的积累和沉淀而变得更加聪明和智慧，这些体育组织自冬奥会创办以来已经发展演变了很多，并将继续发展演变。中国足球组织就是这种演变的一个典型例子。

23.Q：诸多有关利益相关者和治理评估方面的内容，您认为这些对北京成功召开2022年冬奥会有什么启示吗？

A：我认为在奥林匹克体系的管理当中必须继续增强各方合作，以满足各主要利益相关者的利益和需求，否则将有失去公众舆论和举办地相关政府支持的风险，从而难以确保奥运会取得成功。此外，合作不应仅限于国际奥委会和奥组委双方之间，还应包括国家、区域和地方政府以及其他奥运会利益相关者（如运动员、公民团体、赞助商和媒体），以吸引更好的公众舆论支持。

举办奥运会是新中国发展的历史里程碑，最终实现办赛目标。适应变革时代的新要求，增强保持发展优势，体现了鲜明的中国特色，中国积极参与全球治理的事务贡献了中国智慧和中国方案。

在未来的后奥运时代，要坚持奥运场馆反复利用、综合利用、持久利用的可持续发展方向，充分利用以促进冬季运动和旅游业的发展。我们要秉承节俭办赛的理念，严格管控预算，切忌贪大求全。同时，还应坚持对兴奋剂零容忍，坚持公平竞赛。

第四章　奥运会可持续发展研究

目前，可持续发展已经完全嵌入奥运会的整个生命周期。1994年的挪威利勒哈默尔冬奥会之后，可持续性水平成为评价奥运会成功与否的重要标准之一。2010年的温哥华奥组委设置了可持续性和资源管理委员会，将环境的可持续性作为核心战略之一。2014年的索契冬奥会创立了世界最大的国家可持续建设模式。自2013年开始，韩国平昌冬奥组委着手构建可持续性管理体系，将其融入冬奥会的准备工作中；平昌冬奥组委发布了8本可持续性相关报告，并将遗产管理纳入可持续性战略（古丽加孜等，2020）。

受天气条件和项目特点制约，冬奥会和冬残奥会仅可在冬季举行。数据显示，自1924年起，在已举办的24届冬奥会中，仅有4届是1月中下旬开幕，2月初闭幕；其他20届全部是在2月举行。其中，1964年的奥地利因斯布鲁克冬奥会是分水岭。此后的15届冬奥会全部在2月举办。国际残奥委会（IPC）成立于1989年。首届冬残奥会于1972年举办，但直至1992年的冬奥会，冬残奥会才开始在冬奥会之后在同一城市举办。1993年和2000年，国际奥委会与国际残奥委会两次签署协议，形成了紧密合作关系。冬残奥会在冬奥会之后举办，冬残奥会举办日期根据冬奥会而定。自2002年起，冬奥会均于周五开幕，16天赛程后于周日闭幕。自2006年起，冬残奥会在冬奥会闭幕后第12天，也于周五开幕。

第四章　奥运会可持续发展研究

第一节　体育与可持续发展的具体政策

自洛杉矶 1984 年奥运会开始，奥运会之所以受到众多国家青睐，在很大程度上是因为引入商业元素保证了奥运会自身的可持续运行。

一、联合国《2030 年可持续发展议程》

2013 年 5 月联合国教科文组织（UNESCO）在柏林召开的世界体育部长会议上，可持续性问题已列入部长宣言，旨在削减大型体育赛事的规模，以保障赛事的可持续性及遗产的永续传承（Chappelet，2021）。2015 年 9 月，联合国可持续发展峰会正式通过了《2030 年可持续发展议程》。该议程明确了 17 个可持续发展目标和 169 个具体目标，其中明确强调"体育在实现可持续发展目标（SDG）中的作用"。《2030 年可持续发展议程》在保障基本需求与赋权弱势群体、促进可持续的经济增长、可持续城市化、可持续现代能源、气候变化、生物多样性保护、国际合作与制度建设等多方面提出了具体的要求。联合国再次呼吁各成员国利用体育实现可持续发展目标，开展与所有感兴趣的利益相关方的合作，包括体育社团、民间社会、国际组织和商业公司。[①] 2018 年 12 月 3 日，在纽约举办的联合国大会通过了"体育是可持续发展的推动者"重要议题。决议表示，"奥林匹克运动和残奥运动在建立体育作为促进和平与发展的独特手段方面做出了宝贵贡献，特别是通过奥林匹克休战的理想，承认过去奥运会和残奥会提供的机会。"

---

① 外交部.变革我们的世界：2030 年可持续发展议程［EB/OL］. 2016-1-13［2019-7-13］. https://www.fmprc.gov.cn/web/ziliao_674904/zt_674979/dnzt_674981/qtzt/2030kcxfzyc_686343/t1331382.shtml.

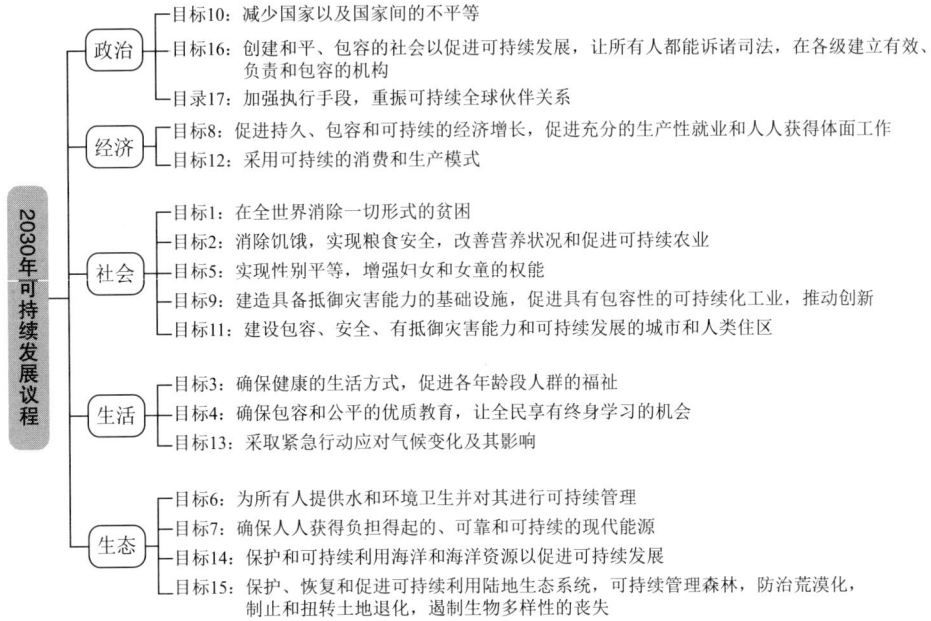

图 4-1 《2030 年可持续发展议程》的 17 个可持续发展目标

二、国际奥委会促进可持续发展的政策

在可持续发展方面，冬奥会与奥运会都一样面临着争议。1999 年，《奥林匹克运动 21 世纪议程》明确奥林匹克运动要全力推动全球可持续发展。（IOC，2017）国际奥委会于 2014 年底通过的奥林匹克新一轮改革愿景《奥林匹克 2020 议程》，将可持续性列为奥林匹克运动改革的三大主题之一，国际奥委会强调"将可持续性融入奥运会的各个方面""将可持续性融入奥林匹克运动的日常运行"，这样即以长期战略的位置确保了可持续发展，将可持续性融入奥运会的方方面面。

2015 年，国际奥委会于联合国《2030 年可持续发展议程》发布之后的同年成立可持续和遗产委员会（Sustainability and Legacy Commission），下设专门负责可持续发展的部门。2017 年 1 月，国际奥委会发布实施《可持续发展战略》，为国际奥委会、奥林匹克运动会和奥林匹克运动在未来可持续发展方面

的工作实践制定了原则。（IOC，2017）

1.《奥林匹克2020议程》

《奥林匹克2020议程》建议候选城市尽可能利用现有或临时设施。对于冬奥会所需的雪橇、雪车、速度滑冰场等，建议使用附近的现成设施（在同一国家甚至国外）。这意味着体育设施建造部分的成本费用大幅度节约。巴黎2024年奥运会和洛杉矶2028年奥运会就将充分利用现有设施。（Chappelet，2018）

《奥林匹克2020议程》（以下简称《议程》）核心内容包括降低奥运会申办和运行成本、促进可持续发展等。《议程》共提出40条改革方案。《议程》建议4将可持续发展纳入奥运会各个方面。"奥委会在可持续发展方面将采取更加积极的立场和领导作用，并确保将其纳入奥运会规划和举办的各个方面。1.制定可持续发展战略，使潜在和实际的奥运会组织者能够在其项目的所有阶段整合并实施可持续发展措施，包括经济、社会和环境等领域。2.协助新当选的组委会建立最佳管理，以整合整个组织的可持续性。3.国际奥委会在国家奥委会和外部组织（如世界奥林匹克城市联盟UMVO）支持下，确保对奥运遗产进行赛后监控。"

《议程》建议5将可持续性纳入奥林匹克运动的日常运作中。"国际奥委会遵循可持续发展原则：1.国际奥委会将可持续性纳入其日常运营中。国际奥委会将可持续性纳入其商品和服务采购以及活动组织（会议）中。国际奥委会减少其旅行影响并弥补其碳排放。国际奥委会在合并洛桑总部时将采用最佳的可持续发展标准。2.国际奥委会通过以下方式与利益相关者接触，并协助他们将可持续性纳入其自身的组织和运营中：提出建议；提供工具，例如最佳做法和计分卡；提供机制以确保奥林匹克利益相关者之间的信息交流；利用现有渠道，如奥林匹克团结基金（Olympic Solidarity）帮助和协助实施倡议。3.为实现上述目标，奥委会应与环境署等相关专家组织合作。"

而气候问题是国际奥委会《可持续发展战略》（2017）的五个重点之一。它符合2030年的长期战略意图，即针对运营和赛事活动制定有效的碳减排战略，并且使其与《巴黎协定》关于气候变化的目标保持一致。此外，该战略还要求,在体育设施建造和赛事的规划阶段即把对气候变化后果的适应性纳入考虑之中。将气候作为可持续性重点领域的理由众多。

对于奥运会,该战略提出了以下四点要求:奥组委(OCOGs)和主办城市减少奥运会的碳排放;奥组委(OCOGs)补偿其自身的"直接"/"自有"排放;奥组委(OCOGs)和主办城市在主办城市为了/通过奥运会推广低碳解决方案;候选城市、奥组委(OCOGs)和主办城市在选择奥运会举办地时要考虑到气候变化的潜在后果。

此外,在《国际奥委会主办城市合同—运行要求》(2018年7月)的可持续性部分,有一项与气候主题相关的要求,其中指出:与主办城市合作,制订碳管理计划,以测量和减少奥运会的温室气体排放;在主办国为了通过奥运会推广低碳解决方案;补偿奥组委(OCOGs)自身活动产生的温室气体排放;将气候变化的潜在结果作为基础设施规划的一部分,包括场地位置的选择。

2.《新规范》

2018年2月,国际奥委会发布了降低奥运会的成本和复杂性并提高运营效率和可持续性的一系列全面建议。这被称为《奥林匹克2020议程:奥运会新规范》(以下简称《新规范》)。《新规范》的主要结果之一是,未来的奥运会的概念更有可能是利用现有场馆、基础设施和临时结构,即使这意味着把奥运会活动分布于更广阔的地理区域内,而不是近几十年来我们所见到的更紧凑的奥运会模式。还希望看到新场馆的设计和建造是基于其长期目的,然后奥运会作为第一个用户"预先装配"。这将会使得争论从奥运会主导的发展转变至将奥运会纳入主办区域的战略计划,从而支持长期可持续发展的目标。就碳排放而言,《新规范》将意味着基于奥运会的永久性设施的建设所产生的影响将大大减少,但运营碳足迹会增加。如果有更多的临时结构和位置更分散的场地,那么运营碳排足迹的增加是可以预期的。就本指南而言,这也意味着奥组委对奥运会足迹的责任范围将比以前的更大。

3.《奥林匹克2020+5议程》

2021年3月13日,国际奥委会一致通过了奥林匹克运动新的改革路线图——《奥林匹克 2020+5 议程》。提出的趋势之一是："可持续发展：对有限资源的竞争正一步步升级为冲突，气候行动正处于临界点，人类健康与地球健康之间的相互依存关系是显而易见的。在诸多事实证据中，人们普遍认为体育是可持续发展的重要推动因素。通过参与联合国可持续发展目标，我们将做出自己的贡献。"

《奥林匹克 2020+5 议程》在《奥林匹克 2020 议程》的基础上，增加了 15 条新的改革建议，旨在未来五年更好地应对后疫情时代的挑战，其中包括促进可持续的奥运会、加强体育对实现联合国可持续发展目标的重要推动作用等。第 2 条和第 10 条分别提出"促进可持续的奥运会"和"加强体育对实现联合国可持续发展目标的重要推动作用"。

建议 2：促进可持续的奥运会[①]

奥运会各方面的主流可持续性

- 最迟在 2030 年之前实现气候友好型奥运会
- 针对气候变化对未来奥运会的影响，制定相应的应对策略
- 支持奥运会组委会（OCOG）及其合作伙伴对奥林匹克运动会供应链和建筑工人权利的监管作用，支持将其作为人权方针的一部分
- 要求在法定自然保护区和文化保护区不搭建永久性奥林匹克建筑

协助东道国在奥运会举办前后可收获长久的利益

- 确保奥运会主要遗产在比赛开始之前完工，并在建筑进入生命周期之前，遗产规划、治理结构和长期资金支持应提前到位
- 加强对奥运会所带来的影响和遗产及其对联合国可持续发展目标的贡献的监控测量工作
- 在奥运会结束后，继续与遗产决策者（包括国家奥委会和相关实体单位）保持沟通
- 鼓励实体遗产在奥运会后继续用以开展重要的社会、体育、教育和文化

---

① 翻译来源于：清华大学体育产业研究中心。

活动

- 促进各届奥运会的各个实体遗产之间的信息交流
- 鼓励国际单项体育联合会与全国联合会使用奥林匹克东道主的设施
- 对各届奥运会的遗产进行传播、宣传和庆祝："一朝奥运城，永远奥运城。"

与奥林匹克运动的各相关方合作，将奥运会办得更好

- 完善利益相关方［例如奥运会组委会（OCOGs）、国际单项体育联合会（IFs）、国家奥林匹克委员会（NOCs）、奥林匹克全球合作伙伴（TOPs）、持权转播方（RHB）、国际残奥委员会（IPC）、国际奥林匹克委员会（IOC）］之间的责任分配，根据举办地的实际情况，提升奥运会各方面的交付效率

确定成本节约机会：

——与奥运会组委会合作，在条件允许的情况下，将2020年东京奥运会的简化实施措施复制到延迟至2021年的奥运会

——向奥运会组委会提供额外的整体解决方案，简化交付流程（例如：电子票务服务提供商、接待模式、服务模式、比赛时刻网页及手机应用、奥运新闻服务），并探索其他可能性

——改进以事件为基础的项目模式，重点简化场馆总体规划，降低各项运动的成本和复杂程度

——适宜的服务水平，通过有效的数据捕捉和共享程序，避免过度服务

——与利益相关方合作，精简现场参与者的数量，积极推动远程执行与奥运相关任务的实践

确定奥运会组委会与利益相关方／首选主办方的营收机会：

——与各方积极开展合作，回顾现有收入来源并探索新的收入可能性

——提升奥运会的接待体验，增加奥运会组委会和奥林匹克运动的相关收入

有关建议2的背景信息：促进可持续的奥运会

可持续性是《奥林匹克2020议程》的三大支柱之一。包括奥运申办方面

的建议在内的很多建议都体现了这一信息。在了解各方的诉求后，我们也将这一关键理念带入未来奥运会的筹划中，并期待带来更多改变。巴黎2024年奥运会、米兰—科尔蒂纳丹佩佐2026年冬奥会以及洛杉矶2028年奥运会将是率先真正吸纳并体现这一新战略方向的奥运会：

1）不需要新建场地，我们鼓励使用临时场地；

2）体育赛事可视情况在主办城市以外的地方进行；

3）从申办奥运阶段开始，奥运会将以长期可持续性，包括经济角度的可持续性为出发点。

尽管以上战略方向已经体现了巨大的进步，但我们仍有责任通过提高对东道主的社会、环境和经济影响等方式，让奥运会一直位于推广可持续发展的最前沿。在最后一点上，奥运会的经济效益现已是并将继续作为焦点。我们在《新规范》中倡导的这一精神具有前所未有的重要意义。为减少奥运会的总足迹，优化奥运会的运营并推广举办奥运会的价值主张，我们提出了约118项措施。在此初步工作的基础上，还需要不断探索创新的解决方案，降低成本并优化收入，同时在奥运会举办前后交付重要的奥运遗产。

影响力和长期利益是《国际奥委会遗产战略方针》的核心部分，该战略旨在与所有利益相关方合作鼓励、支持、监督和促进遗产发展。在接下来的四年中，我们将优先巩固自战略实施以来的成果并推动其后续发展，重点在于协助奥运会组委会和东道国为当地社区带来社会、经济和体育利益，确保对遗产进行有效治理，给予资金支持，进一步就过去的和未来即将产生的奥运会遗产进行交流。

随着全世界对气候变化的了解愈加深入并亲身经历了气候变化带来的严重后果，人们对气候变化行动的期望也相应提高，对采取具体措施的需求日益迫切，奥运会也不例外。在实施《奥林匹克2020议程》建议4"从奥运会的各个方面体现可持续性发展"取得了一定进展后，国际奥委会执行委员会于2020年3月决定，从2030年起，奥运会将成为气候友好型活动。该决定超出了当前奥运会对于气候中立的要求，也超出了国际奥委会作为全球体育界在该领域的领导者的职责要求。

新冠疫情告诉世人，我们需要以更可持续的方式来生活、工作和娱乐。奥林匹克运动，或者说所有体育运动，在帮助人们从危机中恢复的过程里发挥了重要作用。所有人都应该在同样基础上，适应不断变化的新环境。为了解决例如气候变化、生物多样性减少和人权等全球性问题，在变化和创新面前，人类最重要的是保持开放心态。在《奥林匹克2020议程》建议5取得的进展的基础上，国际奥委会将可持续性纳入其日常工作中，国际奥委会执行委员会于2020年3月做出决定：在2024年之前，国际奥委会将由碳中和组织过渡到气候积极组织。

该决定反映了国际奥委会在气候变化领域的发展及对其的日益重视。随着全球社会对于气候变化带来的后果有了越来越多的直接感受，人们对行动的期望越来越高，对采取具体措施的需求也越来越迫切。

到2024年，国际奥委会将通过三管齐下的方式过渡为气候积极组织，即

——减碳计划将主要侧重于商务差旅以及我们的建筑物和活动；

——补偿措施，包括通过国际奥委会陶氏碳减排方案产生的碳抵消、创建"奥林匹克森林"来作为响应非洲联盟"绿色长城"倡议的一部分，用以支持北非防治荒漠化并增加经济机会、粮食安全，提升气候适应能力；

——继续利用我们的影响力来鼓励利益相关方和广大公众采取行动应对气候变化

得益于《奥林匹克2020议程》建议5（国际奥委会将参与并协助奥林匹克运动利益相关方将可持续性纳入其自身的组织和运作）的实施，我们目前已取得重大进展。现在人们越来越认识到，体育组织需要坚持可持续发展，采取行动应对气候变化。

随着人们意识的不断提高，国际奥委会将继续激励和协助奥林匹克运动的利益相关方成为更加可持续的组织和商业伙伴，这一点至关重要。

同样，人们越来越期望世界各地的体育组织利用其召集力和全球影响力来影响采购、基础设施和气候等领域的变化，并利用其影响力提升人们对全球问

题的认识及阐释体育是如何解决这些问题的。

在过去的四年里，国际奥委会制定了与可持续发展相关的教育指南，举办了研讨会，并与国际公认的组织发展了伙伴关系，帮助奥林匹克运动了解可持续发展的重要性。展望未来，重点将是将这些知识转化为行动，并不断扩大其影响范围。

三、东京奥组委的可持续性报告

2020年4月30日，东京奥组委发布奥运前可持续性报告，报告遵循全球报告倡议组织（GRI）标准，展示了奥组委在2021年举办可持续奥运会和残奥会的计划。报告介绍了整个2019年东京奥组委所采取的一系列举措的进展。举措包括：促进在奥运会场馆使用100%可再生能源；车队与奥运会和残奥会主火炬使用氢燃料，以减少二氧化碳排放；在奥运会场馆推广3R概念，即"减少（Reduce）、重复利用（Reuse）、回收（Recycle）"等。

第二节　北京冬奥会重视可持续性

2021年9月9日，习近平在出席金砖国家领导人第十三次会晤并发表《携手金砖合作　应对共同挑战》的重要讲话时指出"我们要推动共同发展，坚持以人民为中心的发展思想，全面落实2030年可持续发展议程。要根据共同但有区别的责任原则，积极应对气候变化，促进绿色低碳转型，共建清洁美丽世界。"中国将积极办好北京冬奥会、冬残奥会。2021年9月17日，习近平出席上海合作组织成员国元首理事会第二十一次会议并发表重要讲话。与会各方表示，反对将体育运动政治化，支持中国成功主办北京冬奥会、冬残奥会。支持多边主义，维护联合国宪章宗旨和原则，促进国际关系民主化，反对霸权主义、单边主义，反对以民主人权为借口干涉别国内政，支持各国自主选择发展道路。

与奥运会相比，冬奥会由于运动项目的普及面相对较窄，仅靠赛事维持可持续性的困难更大。北京冬奥会的一系列减碳措施，向社会传递了绿色低碳的理念，为赛事实现碳中和奠定了基础。北京冬奥会也高度重视可持续性工作，聚焦环境、经济、社会的可持续发展，多项创新。

可持续性是北京冬奥会申办之初提出的三大理念之一。在申办阶段，北京和张家口做出了"创造可持续遗产"的重要承诺。2020年5月15日，国际奥委会、国际残奥委会和北京冬奥组委向社会发布了《北京2022年冬奥会和冬残奥会可持续性计划》。该计划确定了"创造奥运会和地区可持续发展的新典范"的总体目标，明确了"环境正影响""区域新发展""生活更美好"三个重要领域，提出了12项行动、37项任务和119条措施，将贯穿于北京2022年冬奥会和冬残奥会赛事筹办全过程。

三大领域：环境正影响，区域新发展，生活更美好

领域一　环境正影响

北京冬奥会将优先重视生态和资源保护，环境友好，并通过奥运会的筹备为美好的环境做出贡献；最大限度地利用现有场地和设施，并根据绿色建筑标准建造新场地；加强区域合作，改善北京—张家口地区的环境；积极应对气候变化，努力开展低碳运动会；实施可持续采购，促进发展低碳循环经济。

主要行动

行动一：场馆建设坚持和利用生态优先

1. 利用现有及临时场馆和设施

2. 保护赛区生态环境

3. 建造绿色场馆

4. 实现废弃物减量

行动二：生态环境质量稳步提升

5. 大气污染防治

6. 开展风沙治理

7. 水资源保护和治理

行动三：低碳冬奥应对气候变化

8. 开展低碳管理

9. 促进低碳能源利用

10. 推进低碳场馆建设

11. 构建低碳交通体系

12. 实行低碳办公措施

13. 探索碳排放补偿机制

行动四：可持续要求纳入采购

14. 制定可持续采购规则

15. 推进可持续采购落实

16. 可持续采购监督和评估

17. 赛后资产利用

领域二 区域新发展

北京冬奥会将继续利用奥运会筹备工作的强大影响力，促进北京市（包括延庆区）和河北省（张家口市）的协调发展，加快交通基础设施的建设；改善公共服务、城市管理和可及性；在北京张家口文化旅游带发展冬季体育旅游产业；促进技术成果的商业化和实施，促进经济增长的新领域，促进各行业相互补充和加强，并为该地区的长期发展注入新动力。

行动五：带动基础设施建设

18. 完善京张地区交通网络

19. 提升无障碍环境

行动六：提升服务保障能力

20. 提高城市管理能力

21. 提升公共服务能力

行动七：推动重点产业发展

22. 推动中国冰雪产业发展

23. 带动京张体育文化旅游带建设

24. 推进科技成果转化应用

  行动八：树立城市更新范例

25. 大力推动首钢园区转型发展

26. 延庆区打造冰雪体育休闲产业组团

27. 张家口市建设国际化开放城市

领域三　生活更美好

  北京冬奥会将追求以人为本的发展，使公众参与并与人民分享利益，改善所有人的生活质量；通过奥运会的准备工作，提供专业培训，充分安置居民，减轻当地贫困，改善社会发展；弘扬奥林匹克运动会和残奥会精神，促进冬季运动，倡导积极、健康和文明的生活方式，并增进人民的福祉和幸福感；弘扬中华文化，营造良好的社会氛围，增强社会文明感。

  行动九：促进人的发展

28. 2022冬奥人才及志愿者能力建设

29. 提高办赛区域居民生活质量

30. 增加办赛区域低收入人群就业机会

  行动十：推广奥林匹克精神

31. 教育青年奥运及残奥价值观

  行动十一：倡导健康文明生活方式

32. 推广冬季运动

33. 推广全民健身运动

34. 倡导低碳生活方式

  行动十二：培育良好社会风气

35. 传播志愿精神

36. 提高公众包容意识

37. 加强文化交流

  北京冬奥会实现碳中和是重要的申办承诺。北京冬奥组委于2019年正式发布了《北京 2022 年冬奥会和冬残奥会低碳管理工作方案》，从低碳能源、低碳场馆、低碳交通、北京冬奥组委率先行动 4 个方面提出了 18 项碳减排措施。在此基础上还提出林业固碳、企业自主行动、碳普惠等碳补偿措施。同时，北京冬奥组委组织专家团队在研究往届奥运会碳排放管理报告的基础上，采用国际奥委会发布的碳足迹方法学，以中国和北京市的方法学为补充，就北京冬奥会碳排放核算方法、基准碳排放量、碳减排量等进行严谨科学的论证和测算。

2021 年 12 月，北京冬奥组委创新编制的《大型活动可持续性评价指南》（以下简称《指南》）作为北京市地方标准发布。《指南》从基础设施与场地、采购与资源管理、生态环境保护与管理、交通与运输、低碳与气候变化、工作人员与公众、智慧与创新实践系统提出了七类 35 项具体指标，从技术、管理、综合效益等方面，对大型活动可持续性工作绩效进行技术性评价，可用于指导、帮助各类活动组织者提高对大型活动可持续性的管理能力。同时，《指南》填补了大型活动可持续性评价标准的空白，为科学评价大型活动可持续性水平提供参考，成为北京冬奥会有价值的可持续性遗产。

2022 年 1 月 13 日北京冬奥组委发布《可持续·向未来——北京冬奥会可持续发展报告（赛前）》（以下简称《报告》），总结了冬奥筹办中可持续工作的阶段性进展，6 年多来，北京冬奥组委努力把可持续理念和绿色办奥要求落实到筹办工作全过程，并将筹办工作与城市和区域的发展紧密结合，促进了地区生态环境改善、经济发展和社会进步。《报告》分四个章节，分别是"北京冬奥会可持续性管理""为冬奥会打下美丽中国底色""为区域发展增添动力""为社会进步凝聚力量"。总结了共五个方面可持续成果，一是建立可持续性管理体系，二是打造生态赛区，三是严格实施低碳管理，四是促进城市和区域发展，五是惠及民生改善。

在可预见的未来，一直秉承可持续理念规划和运行的北京冬奥会将吸引更多资源投入冰雪运动，从而推动冰雪产业的繁荣。

第五章　北京冬奥会遗产可持续利用的分析

党的十八大以来，中央关于改进工作作风、反对铺张浪费、开创赛会新风的要求改变了以往的办赛惯例，其中，"开创赛会新风"使得节俭办赛成为新风，在"节俭办冬奥"的目标下，奥组委在筹办工作中不是一味地追求规模。北京市整体基础设施充分，这节约了一大笔开支，除了举办奥运会的必要翻修之外的成本不应包括在总预算中，其实举办冬奥会效果会比那些需要大范围的新建的城市要更好。

值得思考的是，在中国，奥组委跟（中央/地方）政府是一种什么关系，是不是由政府负责产生的一个机构（吸纳了部分非政府人员）？如果是，那么奥组委预算其实应该是整个政府预算的一部分，那么对于中国来说，冬奥会本身的超支与否意义好像就不是很大，只不过是在政府预算大盘子里分一部分给奥运会。此时，与奥运有关的基础设施，实际上都可以进入政府的基建盘子里，可以算作一个有部分营利的政府投资项目，比照一般的政府投资项目管理，体现在债务融资方面，就是可以发行专项债券予以融资（2008年奥运会时还没有，不过2022年冬奥会是否可以呢）。那么，这部分投资支出，是不是就不算在奥组委的支出而是算到政府基建支出了呢？还是有可能的。因此，这个问题在我国是比较复杂的。到底有没有"赢者的诅咒"存在？成本是可以确定的，可收益很难确定，例如举办奥运带来的国家地位、名誉、人民精神、民族信心提升等，都是收益。如果仅单独看奥组委，那这些收益毫无意义，但是对于与奥组委其实是一体的政府，这些收益意义很大。那么在这种背景下提"赢者的诅咒"，最大的意义似乎在于控制奥运成本，而这就涉及政府支出、政府预算、政府效率这样更高的层面了，也就是说，并非奥运会特有，而是有更广泛得多的普遍性。

第一节　北京冬奥会遗产可持续利用的介绍

　　冬奥会的主要场馆设施包括了体育场、激流回旋的斜坡和下坡滑雪道、越野滑雪道、雪车和雪橇道以及室内冰场；奥运村、媒体中心、酒店和交通等相关基础设施。由于冬奥会规模较小，举办地的景观较为脆弱，各种比赛所需的场馆类型（从山区到城市冰场）缺乏一致性，将运动员和观众运送到偏远场馆使得后勤方面面临着挑战，所以冬奥会明显不同于奥运会。这里的关键问题是，冬奥会是否会对赛事举办中心区域的发展产生同样的影响，以及公共部门在规划和管理冬奥会方面的作用是否应顺应更多的新兴方式（Cook 和 Ward，2011）。

　　北京冬奥会是 2014 年《奥林匹克 2020 议程》颁布之后第一届从筹办之初就全面规划管理奥运遗产的奥运会，也是首届将可持续性要求全面融入赛事筹办和举办全过程的奥运会。在申办阶段，北京和张家口做出了"创造可持续遗产"的重要承诺。李克强同志在 2022 年《政府工作报告》中指出"用好北京冬奥会遗产"。习近平总书记多次强调要充分运用好冬奥遗产，让其成为推动发展的新动能。中国兑现承诺，贯彻落实总书记提出的"绿色、共享、开放、廉洁"的办奥理念。

　　北京 2022 年冬奥会的成功举办离不开北京 2008 年奥运会遗产的再利用。奥运遗产的再利用顺应了奥林匹克运动可持续发展。在北京冬奥会的申办、筹办与举办过程中，包括国家体育场、国家体育馆、国家游泳中心等在内的许多奥运遗产得到传承和利用。奥运举办经验主要指奥运会举办赛会经验、标准规范等，如国际交流、志愿服务、物流管理、媒体转播等活动事项传承。2008 年奥运会举办时摸索出的在与奥运需求相关的主要道路上设置奥运专用道、设置奥运专用公交线路和公交场站、为各类客户群提供专门的运输保障服务等在北京2022年冬奥会举办中沿用；在公共场所的语言标识翻译方面，北京2022年冬奥会沿用并完善了《公共场所双语标识英文译法》。

北京2022年冬奥会的成功举办离不开高校学生志愿者和观众的无私奉献。上好冬奥"大思政课"，是冬奥志愿服务工作的应有之义，也是每一位高校冬奥工作者肩上的责任。技术团队和保障团队辛苦工作，承担着赛时保驾护航的重任，在延庆赛区、北京赛区、张家口赛区，从春节前夕一直坚守奋战在冬奥赛事一线场馆。全国各行各业，从财税、金融行业到交通运输、安全保障，为北京2022年冬奥会的成功举办提供优质、便捷、专业、高效的赛时保障服务。

国际奥委会于2015年成立了可持续发展和遗产委员会（Sustainability and Legacy Commission）。在遗产方面，该委员会将必须咨询、协调和监督奥运会的遗产。东京2020年奥运会、北京2022年冬奥会和巴黎2024年奥运会都对自己的遗产有很强的意识。自2026年冬奥会开始，申办城市将受主办城市合同的约束，在奥运会后的几年去追踪他们的遗产。

北京2008年奥运会的成功举办增强了中国人民的自信心和自豪感，留下了宝贵的奥运遗产。北京冬奥会致力于打造"纯洁的冰雪，激情的约会"，给全世界留下卓越的奥运遗产。这是首次在同一个城市举办冬季和夏季的奥运会。值此之际，本研究试图结合北京冬奥会，客观审慎地探索冬奥遗产的可持续利用。

2019年2月，北京冬奥组委发布《北京2022年冬奥会和冬残奥会遗产战略计划》，努力在体育、经济、社会、文化、环境、城市和区域发展七大领域创造丰厚遗产，从而更好地发挥奥运带动作用，促进城市和区域协同发展、社会文明进步。七大领域遗产下设了35个子领域的遗产细目，其中体育遗产7个、经济遗产5个、社会遗产6个、文化遗产4个、环境遗产3个、城市发展遗产4个、区域发展遗产6个。2019年6月，北京冬奥组委发布《北京2022年冬奥会和冬残奥会低碳管理工作方案》，提出了低碳能源、低碳场馆、低碳交通、北京冬奥组委率先行动4方面18项措施，以尽可能降低北京冬奥会所产生的碳排放。同时，提出了林业固碳、企业自主行动、碳普惠制等碳补偿措施。将可持续性贯彻到北京2022年冬奥会和冬残奥会筹办、举办和赛后利用全过程，采取积极措施，有效控制温室气体排放；强化低碳技术创新，推动低碳技术应用示范；加强制度创新，推动实现碳中和；发动社会公众参与，提升公众低碳意识；积极开展应对气候变化国际合作，努力使北京冬奥会成为中国展现全球生态文明建设参与者、贡献者、引领者的重要平台和窗口。

2022年1月19日，北京冬奥组委发布《北京2022年冬奥会和冬残奥会遗产报告集（2022）》，包括体育、经济、社会、文化、环境、城市和区域发展七个单册遗产报告，总结了北京冬奥会筹办以来已经转化为现实遗产的成果。2月北京冬奥组委和北京体育大学联合撰写的《北京2022年冬奥会和冬残奥会遗产案例报告集（2022）》发布，包括前述7大方面44个典型遗产案例，是冬奥筹办新理念、新方法、新模式的创新汇编。在北京冬奥会筹办过程中，产生了一大批创新性的做法、措施，代表性的人物、团队，示范性的场馆、设施，以及具有影响力的经济社会和文化成果，形成了一大批可以借鉴传承的具体鲜活的亮点遗产案例。国际奥委会指出，奥运遗产是实现奥运会愿景的结果，包含所有通过举办奥运会，为公众、城市和区域发展以及奥林匹克运动创造的或加速带来的有形和无形长期收益。《奥林匹克2020议程》提出，"国际奥委会将引入一个援助阶段，在此期间，国际奥委会将向正在考虑申办的城市提供有关申办程序、奥运会核心要求以及之前的城市如何确保积极申办和发挥奥运会遗产的建议"，国际奥委会应在举办城市和其他机构的支持下，长期评估和监测对奥运遗产的利用。

2022年1月28日北京冬奥组委发布了《北京冬奥会低碳管理报告（赛前）》（以下简称《报告》）。《报告》系统展示北京冬奥会碳管理相关工作情况，重点介绍北京冬奥会碳中和方法学、温室气体排放基准线、实际筹备阶段过程排放量、低碳管理工作措施成效、林业碳汇工程建设、企业赞助核证碳减排量等。经过综合测算，北京2022年冬奥会和冬残奥会产生的碳排放量将全部实现中和。2022年2月,《北京冬奥会和冬残奥会可持续性知识读本》发布,以青少年为对象,介绍了北京冬奥会筹办和举办过程中的可持续性工作内容和成果,分为七个部分,包括"奥林匹克运动与可持续发展""北京冬奥会场馆的可持续性""北京冬奥会赛区生物多样性保护""北京冬奥会的冰雪与水资源""北京冬奥会低碳行动""首钢园区的华丽变身""走向可持续性未来"。该读本对于提升广大青少年对奥林匹克运动与可持续性的认知,促进青少年参与可持续发展将起到积极的作用。

中国成功举办冬奥盛事,广受世人关注,为进一步讲好中国故事、彰显文化自信、谱写中华民族伟大复兴新篇章提供了绝佳的历史契机。北京冬奥会是《奥林匹克2020议程》颁布之后第一届从筹办之初就全面规划管理奥运遗产的奥运会。在国际奥委会和国际残奥委会的指导下,北京冬奥组委秉持"绿色、共享、开放、廉洁"的办奥理念,致力于践行《奥林匹克2020议程》和《奥林匹克2020+5议程》改革路线图。北京冬奥会留下了丰厚的各类冬奥遗产,值此之际,本研究以"北京冬奥遗产可持续利用模式与支持政策"为方向,具有深远的现实意义和理论意义。

奥运会包罗万象,规模大、工程复杂。北京"双奥遗产"聚集了两次奥运会在赛事安排、安全安保、医疗保健、交通通信、文化宣传、志愿服务、环境保护、区域协同、后勤保障、社会参与等诸多领域的运营和管理的一系列经验。例如,针对比赛场馆实施的"反复利用、综合利用、持久利用"的做法,针对新冠疫情采取的"闭环"管理,等等。

筹办举办冬奥会是一项艰巨复杂的系统工作。统筹好政治账、经济账、社会账和环境账至关重要。否则,冬奥会很可能形成新的不良资产,留下的可能是一堆烂摊子。综合性的系统性的对冬奥遗产的研究还有很大的空间。本研究致力于丰富奥运遗产尤其是冬奥遗产方面的研究。

2018年,北京2022年冬奥会和冬残奥会组织委员会成立遗产工作协调委员会来监督,这确保了把遗产理念变为现实存在。

几年来,北京冬奥会和冬残奥会组委会关于冬奥可持续性和遗产的计划、成果、系列手册、视频等不断推出,为研究冬奥遗产可持续性提供了丰富的素材和资源。2022年1月,北京2022年冬奥会和冬残奥会组织委员会发布了《北京2022年冬奥会和冬残奥会可持续性与遗产赛时宣传手册》,向公众公布北京2022年冬奥会和冬残奥会可持续性和遗产成果。

体育是一种社会文化现象。中国体育文化所生发出的对中国社会发展的文化解读,通过举办冬奥会可以以体育文化为契机全方位展示中国文化;不仅要着眼于通过举办奥运会传播中国文化,也在于通过冬奥会这一全球性的体育文化整合文化的力量并提升国家软实力。如何利用好这一机遇值得我们思考。

为了全面系统地对北京2022冬奥遗产利用情况进行分类分析,北京冬奥组委2019年2月19日发布了《北京2022年冬奥会和冬残奥会遗产战略计划》,从官方明确了通过筹办北京冬奥会,努力在体育、经济、社会、文化、环境、城市和区域发展七大方面创造丰厚遗产,七大方面遗产下设了35个领域的遗产细目,其中体育遗产7个、经济遗产5个、社会遗产6个、文化遗产4个、环境遗产3个、城市发展遗产4个、区域发展遗产6个(见表5-1)。因此,本研究依照该分类进行分析研究;为实现冬奥遗产可持续利用,研究相关的支持政策体系,也从该分类进行研究:在冬奥会筹备和举办期间,在中央层面、主办城市层面、冬奥组委层面,分别制定实施了一系列政策(参见北京冬奥组委会同北京市政府、河北省政府联合研究制定的《北京2022年冬奥会和冬残奥会可持续性计划》,2020年5月15日发布),这些政策在冬奥结束之后是延续或是终止,不同政府层级应该提供什么样的政策保障,应该有什么样的机构保障,是否需要出台新的政策,这些问题都需要进行研究。

表 5-1　北京冬奥会遗产七大方面和 35 个遗产领域汇总表

序号	七大方面	35 个遗产领域
1	体育遗产	冰雪运动普及与发展、残疾人冰雪运动普及与发展、体育场馆、办赛人才、赛会运行组织、赛会服务保障、筹办知识转移
2	经济遗产	冰雪产业发展、科技冬奥、市场开发、财务管理、物流管理
3	社会遗产	国际交流、包容性社会、社会文明、志愿服务、权益保护与法律事务、廉洁办奥
4	文化遗产	宣传推广、文化活动、媒体与传播、档案管理
5	环境遗产	低碳奥运、生态环境、可持续性管理
6	城市发展遗产	城市管理、城市基础设施、城市服务保障、城市无障碍环境
7	区域发展遗产	京张地区交通基础设施、京张地区生态环境、京张地区冰雪产业、京张地区公共服务、京张地区体育文化旅游带建设、京张地区促进就业

中国经济高速发展的同时，也面临着各种挑战。从国家到各地政府先后出台了多种类型的政策大力支持北京冬奥会。本研究通过对北京冬奥会各类遗产的系统、全面的研究，提炼出冬奥遗产相关的理论，总结出可以推广的冬奥遗产可持续利用模式，同时找到切实可行的支持政策体系，从而实现可持续发展目标在冬奥遗产的落地。

如何在后冬奥时代全面落实习近平生态文明思想和"绿色、共享、开放、廉洁"办奥理念是本研究的关键问题。值得注意的是，冬奥遗产的研究范围，在表中七大方面 35 个遗产领域涉及的范围广、涵盖面多，需要确定多大的研究范围，涉及本文的研究难度和复杂程度，也直接关系到研究目的的实现程度，关系到可持续利用模式的分类和支持政策的变化。在已有的研究中，虽然许多作者承认遗产是综合的和多维的，但很少有人将这一论点付诸实施。因此，本研究希望开拓遗产的研究范围，收集数据来探索遗产的综合性和多维性质，把所有的奥运遗产都纳入研究视野，而不是有所取舍。

第二节　国内外研究现状及评论

奥运遗产被许多学者认为是综合和多维的（比如，Thomson 等，2019；Girginov 和 Hills，2008；Horne，2007），然而，很少有学者将该论点付诸实施或收集数据来探索奥运遗产的综合性和多维性质。

一、国外研究

Koenigstorfer 等（2019）、Scheu 等（2019）的系统性综述，大多数对于奥运遗产的英文研究都是 1992 年之后举办的奥运会，而目前可知的关于冬奥遗产的英文文献还比较少。

在很长一段时间里，重大赛事被认为只是一项体育赛事。20 世纪 80 年代涌现出了一种新的范式：奥运会为主办城市带来长期利益，特别是带来了奥运会利润（1984 年洛杉矶）和大规模的城市改革（1988 年首尔、1992 年巴塞罗那）。直到今天，奥运会仍在主办城市留下重要足迹，然而，认为奥运会有积极影响的看法已经逐渐消失。城市规划者和政界人士将奥运会作为管理城市变化的论据，但也可以作为不需要奥运会的论据，例如：建设机场（2004 年雅典奥运会）、产业的重新定位（2008 年北京奥运会）、地区高档化（2012 年伦敦奥运会）、新滑雪场开发（2014 年索契冬奥会）、城市交通系统（2016 年里约热内卢奥运会）和高速列车畅联（2018 年平昌冬奥会）等。然而，反对举办奥运会的公投（Preuss 等，2020）给最佳主办城市的选择和整个奥林匹克运动的未来带来了巨大难题。除此之外，有关政治挪用的指控和对利益相关者日益严格的审查，也让人们产生了这样的假设：正面的积极遗产超过了公共成本是备受质疑的（Preuss，2019）国际奥委会（IOC）旨在通过启动《奥林匹克 2020 议程》来改善这种情况，其中奥林匹克遗产成为使奥林匹克运动和奥运会更具可持续性的关键问题。2015 年，为了战略性地落实奥运遗产，成立了一个新的国际奥委会部门和一个新的委员会。

遗产的一个广泛使用的定义——"所有有计划的和无计划的、积极的和负面的、有形的和无形的,为体育赛事所创造的结构,并且比赛事本身更长"(Preuss,2007,第211页)。这个定义强调了结构变化,然而,大多数研究是把遗产的概念分解了,只关注特定相关方面的影响(Preuss,2015)。这限制了"将遗产作为一个过程的"更全面的视角;但这对于将经常观察到的"结构变化"与其短期和长期结果联系起来是很重要的。只有某一变化产生的结果才是遗产;因此,在评估遗产时,体育赛事的计划和计划外、积极和负面、有形和无形的三个层面均特别值得关注。首先,它需要识别由奥运会引起的任何结构性变化。这种变化本身并不一定会让遗产产生,但变化的结果是遗产。

Scheu 等(2019)文章是对1984年至2017年间在322种同行评审期刊上发表的涵盖1908年至2016年间的奥运遗产的学术文章的回顾,其中大多数学术文章是在2008年之后。国际奥委会将遗产分为以下类别:城市发展、环境改善、政策与治理、技能和知识与网络、知识产权、信仰与行为,作者发现大多数已发表的文章都是关于城市发展、信仰与行为的。这篇论文是第一篇使用如此大规模样本的论文,结合了定量和定性分析方法,为有关奥运遗产的研究提供了新的见解。Chen、Preuss、Hu、Kenyon 和 Liang(2019)探讨了即将到来的冬奥会的"奥运主导"体育政策的变化。值得一提的是,2008年奥运会引发了从2008年开始的一些变化,这些变化由于即将到来的2022年冬奥会的倡议而获得了新的推动力。在这里,作者调研了有关变化的过程。总体而言,对于国际奥委会IOC(2017,第30页)和Preuss(2019)描述的"政策和治理"这一传统领域,研究很少。此文的重点是冬奥会对东道国体育政策的改变。研究方法是政策文件分析。作者发现,2008年和2022年两届奥运会共同有助于扩大体育在中国发挥的作用和价值,共同提升大众体育的地位。至少在2008年发生变化的政策方面,现在正在被赋予新动力。这并不奇怪,因为一届奥运会的一次性影响可能往往不足以维持长期变化。该文关注了研究空白的各种考虑,表明了大众(冬季)运动可能会有所增加。一个要点是,中国的两次申办经验已经简化了大型体育赛事的政策制定和遗产规划流程。特别的努力包括：设计"以遗产为重点"而非"重视影响"的政策和实施计划；将东道国任务与其他的国家发展战略相联系；利用奥运会带动和影响体育之外的广泛的经济与社会发展；获得2022年冬奥会主办权，为跟进和解决2008年奥运会确定的一些问题或未完成的目标提供了机会。Seidl、Nagiller、Lang、Scheiber和Schnitzer（2019）调查研究了2012年因斯布鲁克首届冬青奥会。由于这些奥运会不是为了基础设施发展或经济利益而举办，因此识别和调查其内在的无形遗产就变得非常重要。该研究包括了在奥运会后三年接受采访的1338名年轻居民的大样本。因此，这项研究是为数不多的从经验上调查遗产的研究之一，并且是在奥运会后相对较长的时期内进行的。由于2012年因斯布鲁克冬青奥会标志着青年冬奥会"学习与分享"计划的开始，因此了解年轻居民是否参与了冬奥会尤为重要。由于对赛事发生后影响必须持续多久才能被命名为遗产尚有争议，作者发现直到今天，居民的记忆均非常积极。然而，当被直接问到时，大多数受访者都回答说，他们的赛事经历对他们的生活影响比较小。Hoff和Leopkey（2019）调查了"非主办城市奥运遗产"。

二、国内研究

1. 关于对国际奥委会相关文件的研究

胡孝乾等（2019）对国际奥委会2018年发布的《遗产战略方针》框架下的奥运遗产愿景与治理的属性、特征及其体现的国际体育联合会利益取向进行分析。结果显示：奥林匹克运动主要利益相关者通过建构奥运遗产的灵活性、广泛性和持久性属性，拓展了奥运遗产愿景的时空维度，丰富了奥运遗产愿景在内容和对象等层面的多样性。

左伟（2020）、徐京朝等（2021）及其他一些学者研究分析了《奥林匹克2020议程：奥运会新规范》，可持续发展、奥运遗产都是该议程的重要议题。王润斌等（2020）分析了《奥林匹克2020议程》对北京冬奥会筹办的多维影响，指出北京2022年冬奥会的"绿色、共享、开放、廉洁"筹办理念与《奥林匹克 2020 议程》无缝契合，各项筹办工作突出了可持续理念、立足工作协同、注重遗产辐射，对《奥林匹克 2020 议程》给予充分践行。

2. 关于北京 2008 年奥运会遗产为 2022 冬奥会再利用的研究

孙葆丽等（2021）采用文献资料法、文本分析法、历史分析法对奥运遗产特点进行研究，并最终落实到北京冬奥会遗产工作研究之中，认为奥运遗产特点架构是由奥运遗产基本特点、奥林匹克各项活动遗产特点、单届奥运遗产特点三个部分组成。北京冬奥会遗产继承了奥运遗产基本特点和奥林匹克活动中的冬奥遗产特点，并在此基础上具有促进京津冀协同发展以及"双奥之城"的奥运传承两个独有特点。

崔乐泉等（2022）以《北京 2022 年冬奥会和冬残奥会遗产战略计划》为基础，结合对相关文件的解读与学界有关表述，认为在北京冬奥会筹办过程中提出的创造遗产理念，是以与 2008 年奥运相关的既往遗产层摞为起点的，在对遗产层摞与创造理念做出阐释的基础上，就北京冬奥会遗产层摞与创造的指导思想、基本原则、目标、任务以及所取得的成果进行分析，并对北京冬奥会遗产的传承与可持续利用提出自己的看法。

Liu et al.（2014）研究了在北京 2008 年奥运会后将近五年时非主办城市居民对北京奥运会的遗产的看法。文章采用了探索性的因子分析（EFA）来确定感知的遗产传承的七个因素，分别是："精神收入与社会资本"（psychic income and social capital）、"基础设施与技能发展"（infrastructure and skills development）、"网络与合作"（networks and cooperation）、"环境"（environment）、"旅游与经济"（tourism and economics）、"体育与健康"（sport and health）和"身份与文化"（identity and culture）。研究结果发现：所感知的遗产水平在各个维度均明显高于中间点。这与现有的西方文献正相反，表明了居民的经济和文化背景会对研究结果起到很大的影响。该文还确认了，感知的遗产传承将对居民对奥运会举办的态度起正面影响，这强调了奥运遗产传承的重要性。

3. 关于北京 2022 年冬奥会遗产和可持续发展的研究

王月、孙葆丽（2019）在全球可持续发展的趋势下，从可持续发展的视角集中分析北京冬奥会遗产的独特价值，并对其可持续发展途径进行探讨。研究认为：北京冬奥会遗产与奥林匹克运动可持续发展战略当中的发展指标相互融合，其标杆效应将在促进奥林匹克运动代内公平发展方面具有重要价值；北京2022年冬奥会遗产的直接受益方是举办城市、地区以及国家，北京冬奥会遗产将通过前期规划、中期发展、后期传承的路径推动城市可持续发展；北京冬奥会遗产的可持续发展必须正确处理有形遗产与生态环境的关系、无形遗产与人和社会的关系。通过合理规划、依托活动、运用科技和创建广泛的战略合作伙伴关系以实现环境可持续、经济可持续和社会可持续，从而达到代内和代际共享奥运遗产的目标。从遗产的规划设计到遗产效应的长期发挥，从可持续发展理念到可持续性发展实践，可持续发展将进一步扩展北京2022年冬奥会遗产的辐射空间。

杜巍（2019）认为不要把目标聚焦在场地建设和服务保障上，应该更多聚焦"活"的遗产，即人文遗产，认为有两个重点标志：第一是人们精神文明素质的提高；第二是这些遗产要变成"活"的，就是让它在常态下实现动态管理。

徐拥军等（2020）根据历届OGI报告、奥组委官方政策文本与"一续二全三跨"原则，确定北京2022年冬奥会和冬残奥会遗产的评估要求，并以定量与定性结合分析法、KPIs、风险评估法、成本效益分析法为指引，打造一个凝聚新理念、汇聚新模式、融合新方法的奥运遗产价值评估的"北京方案"。

4. 关于对世界范围内冬奥遗产可持续发展阶段划分的研究

孙葆丽等撰写了系列文章，将世界范围内冬奥遗产可持续发展阶段划分为4个阶段。孙葆丽、朱志强等（2021a）探讨了冬奥遗产初创期（1924—1945年），力图为完善奥运遗产理论体系以及冬奥遗产的可持续发展做出理论探索。冬奥遗产是冬奥会为主办国或地区、主办城市和奥林匹克运动所产生或加速产生的所有有形的和无形的长期利益。冬奥遗产初创期既形成了奥林匹克运动的思想遗产、奥林匹克运动的组织制度遗产、奥林匹克运动的活动遗产，也在主办国及主办城市形成了体育领域和其他领域的遗产。指出在冬奥遗产初创期，国际奥委会、奥林匹克大家庭虽然对冬奥遗产的认识和实践是浅显和模糊的，但客观上冬奥遗产已经开始了初期的积累。孙葆丽、朱志强等（2021b）探讨了冬奥遗产逐步扩展期（1946—1960年）冬奥会的举办情况、遗产积累、发展的亮点和难点，该阶段奥林匹克运动思想体系、组织制度体系、活动体系的遗产得到扩展，主办城市及其所在国家体育领域和其他领域的遗产也获得一定的积累。孙葆丽、刘石等（2021）考察冬奥遗产快速积累期（1960—1992年）冬奥遗产发展演变的情况，指出在冬奥遗产快速积累期，国际奥委会引领奥林匹克大家庭实现了冬奥遗产快速积累的重要进步，然而这一过程中如何实现可持续发展却是奥林匹克大家庭需要进一步探索的课题。冬奥遗产快速积累期是冬奥遗产发展的第三阶段，是冬奥遗产发展由初级阶段向高级阶段过渡的重要时期。孙葆丽等（2022）研究认为，自1992年国际奥委会正式回应联合国可持续发展全球性指导纲领《21世纪议程》后，冬奥遗产逐渐进入可持续发展时期的初级阶段。冬奥遗产可持续发展时期初级阶段的亮点是可持续发展成为引领奥林匹克运动前行的重要主题后，为冬奥遗产注入了新的灵魂，北京2022年冬奥会反映了冬奥遗产可持续发展的更高水平。

5. 关于往届冬奥会对北京冬奥会遗产的经验借鉴研究

古斯塔沃·安布罗尼西等（2015）介绍了都灵2006年冬奥会可持续发展的背景和遗产，孙葆丽等（2017）研究了温哥华冬奥会遗产工作及启示，邱雪（2020）分析了"新时空"理念下平昌冬奥会办赛经验及启示。

徐拥军、王露露等（2020）综述发现国内外学界有关奥运遗产的研究主要聚焦在奥运遗产的概念界定、价值认知、传承保护和开发利用等主题。目前研究呈现以下特征：一是对奥运遗产概念的认识存在偏向；二是对部分类型的奥运遗产关注不足；三是对奥运遗产评估方法的研究有待进一步深入；四是国内外遗产管理与利用理念存在较大差异。未来研究重点和方向可能包括：一是奥运遗产基本研究；二是奥运遗产评估体系研究；三是奥运遗产数字化管理研究；四是北京冬奥会遗产政策研究。

通过对上述5类国内文献的综述比较，发现对奥运会和冬奥会遗产失败的案例研究得不多，也就是从反面没有实现遗产可持续发展。用辩证思维看，这对于研究可持续发展模式是很有价值的，因此，研究遗产失败的例子具有一定的创新性。

在前述文献综述的基础上，发现了现有文献中的不足，对北京2008年奥运会遗产利用失败的案例及往届冬奥会遗产利用失败案例的关注不够，很少有文献讨论奥运遗产和冬奥遗产可持续利用的模式问题，因此，这些问题也是本研究的特色和力图创新所在，本研究既重视冬奥遗产成功的利用，也不忽视曾经失败案例的教训，从正反两方面全面系统地总结提炼冬奥遗产可持续利用的模式。

如果因为媒体热度过去了就放松了对遗产的重视，则得不偿失。相关部门如果趁冬奥会契机重视奥运遗产，则有利于体育公共服务更均衡化。

第三节 七类遗产

一、体育遗产

体育遗产包括冰雪运动普及与发展、残疾人冰雪运动普及与发展、体育场馆、办赛人才、赛会运行组织、赛会服务保障以及筹办知识转移。

筹办举办冬奥会的过程培养了一批体育、文化、技术和管理方面的专业人才，这些都是发扬冬奥精神的重要力量。

民众参与体育消费具有热情，并对体育场馆等设施的需求具有急迫性。广大人民对冬奥会遗产非常热情，这从贸大暑课推出的奥运课程广受欢迎可见一斑。

（一）体育场馆设施的遗产传承

根据 Essex 和 Chalkley（2004）的研究，在1984年之后的历届冬奥会，城市及区域经历了大规模的转型。"运动员以及辅助人员的参与人数增幅最大。

到 1994 年，辅助人员与运动员的比例是 1956 年的 6.5 倍。运动员的数量也在增加，2002 年盐湖城奥运会有 2400 名运动员。1988 年之后，为了让运动员更靠近赛事场地，两个或更多奥运村已成为必要。媒体人员的住宿面临着日益严峻的挑战，进而也有必要为媒体设立单独的村。当然，电视转播收入在 1960 年之后成为重要的收入来源，尽管其最大幅度的增长出现在 1980 年之后。电视转播收入从 1984 年的 9150 万美元上升到 2002 年的 5.45 亿美元，其中的一部分用于资助更大规模的城市转型。"

这些各式各样的要求明显地更有利于人口较多的中心。自 1984 年以来，奥运会一直在平均人口约 37 万的中心举办，尽管七个举办地中有两个规模非常大，两个规模较小。冬奥会确保城市重大基础设施改进和现代化方式的作用得到了强化。因此，1984 年萨拉热窝冬奥会成为了城市现代化的机会，而 1988 年卡尔加里冬奥会和 1994 年利勒哈默尔冬奥运会则被追捧为振兴当地经济的动力[1]。在卡尔加里，奥组委搬迁了最初的一些场馆，以使它们在奥运会后更加有活力[2]。在卡尔加里，奥运会还使得一些设施的交付比原本的要早得多。例如，1980 年成立的职业冰球队的主场奥林匹克马鞍馆（20 000 个座位，700 万美元）的建设快速推进，以表明该市对其申办的承诺。然而，举办 1992 年阿尔贝维尔奥运会所需的巨额投资似乎使得其他的法国北部阿尔卑斯山度假胜地寻求重组融资更加困难了[3]。这说明了奥运投资具有"机会成本"，可能会推迟或取消其他形式的投资。

鉴于这些不断变化着的情况，较小的举办地现在面临着证明投资建造永久性的、专门的奥运村的合理性的难题。阿尔贝维尔当时只有 20 000 人，将布里德莱班的一个小型水疗中心装修成了奥运村，而不是专门建造了一个。然而，

---

[1] XV Olympic Winter Games Committee/Calgary Olympic Development Association, *XV Olympic Winter Games：Official Report*［M］. Calgary：Organizing Committee，1988：5.

[2] XV Olympic Winter Games Committee/Calgary Olympic Development Association, *XV Olympic Winter Games：Official Report*［M］. Calgary：Organizing Committee，1988：53.

[3] J. Tuppen, The Restructuring of Winter Sports Resorts in the French Alps：Problems，Processes and Policies［J］. *International Journal of Tourism Research*. 2000：327-344.

事实上它离众体育设施太远了,因此在现有的酒店宾馆中兴建了七个较小的奥运村,这样更靠近活动场地。在此之后,国际奥委会表示,它倾向于未来的奥运会设立一个单一的奥运村,以促进运动员之间的国际性联系。利勒哈默尔,人口23 000人,建造了一个由200个小木屋组成的临时奥运村。这些事例明显远离了大规模基础设施投资的趋势。

北京奥运会从体育场馆、城市交通等方面的建设,到环境治理和保护等,均体现了北京的发展,给中国和世界体育留下了独一无二的遗产。

根据相关统计,2003—2008年,我国体育基础产业和基础设施完成投资合计1120亿元,6年年均增长20.4%(见表5-2)。

表5-2 2003—2008年基础产业和基础设施完成投资

(单位:亿元)

	2003	2004	2005	2006	2007	2008	2003—2008年合计	6年年均增长(%)
合计	22 680	28 991	36 412	43 291	51 329	6 4067	246 770	24.5
农林牧渔业	535	645	843	1118	1460	2250	6851	15.7
能源工业	5161	7505	10 206	11 826	13 699	16 346	64 742	27.3
其中:煤炭采选业	436	690	1163	1459	1805	2399	7953	44.6
石油和天然气开采	946	1112	1464	1822	2225	2675	10 245	21.6
石油加工及炼焦	322	638	801	939	1415	1828	5943	43.1
电力、热力生产和供应	3305	4854	6503	7274	7907	9024	38 867	24.3
煤气生产和供应	152	210	275	331	347	420	1734	35.6
基础原材料工业	3465	4860	6173	6962	9057	12 195	42 713	40.6
交通运输业	5526	6876	8585	10 833	12 372	14 807	58 998	20.7
邮政业	27	29	17	21	14	19	128	-35.3
电信和其他信息传输服务业	1602	1590	1490	1661	1702	1931	9976	0.9
水利管理业	722	750	838	916	1106	1420	5751	7.4

续表

	2003	2004	2005	2006	2007	2008	2003—2008年合计	6年年均增长（%）
环境管理业	264	259	319	420	591	729	2581	26.0
公共设施管理业	3235	3882	4942	6171	7579	10 130	35 939	31.3
教育	1474	1803	1967	2129	2221	2355	11 949	18.4
文化	333	419	550	652	733	936	3624	22.9
卫生	230	248	325	373	547	677	2399	20.4
体育	107	125	159	210	248	271	1120	20.4

资料来源：国家统计局。

可以看出，对北京市而言，基础设施和住宅建设方面的投资在1990年至2014年期间有所加速，2008年奥运会并没有出现大的峰值（图5-1）。这表明了举办奥运会是更长期的增长的一部分，需要将其放在更广的长远的城市政策制定上来考虑。

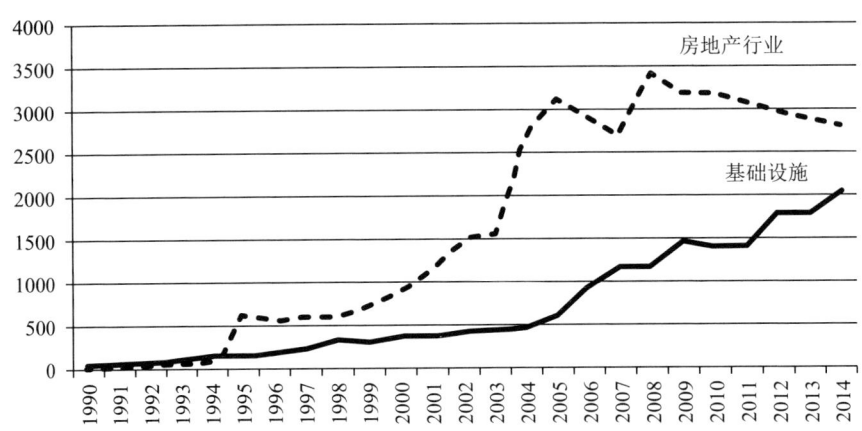

图5-1 1990—2014年北京市基础设施和房地产行业投资（单位：亿元）

资料来源：北京市政府（2015年）。

表5-3显示了奥运场馆的计划投资。在下列37个场馆设施中，有16个是新设施；除了3个外，其他设施都需要某种程度的升级。其中，最大的项目是

篮球赛事的五棵松体育馆（2.8265亿美元）以及田径赛事和举行仪式的国家体育场（2.4671亿美元）。

表5-3 设施的总投资

（单位：百万美元）

体育设施	北京奥组委预算投资			北京奥组委预算外投资			总投资
	新	升级	总	新	升级	总	
国家体育场				246.71		246.71	246.71
国家体育馆				45.67	45.67		45.67
国家游泳中心				107.51		107.51	107.51
中国国际展览中心厅A		6.00	6.00				6.00
中国国际展览中心厅B		4.00	4.00				4.00
中国国际展览中心厅C		3.00	3.00				3.00
中国国际展览中心厅D		7.00	7.00				7.00
奥林匹克森林公园射箭场							0.00
国家网球中心				43.92		43.92	43.92
国家曲棍球场				68.02		68.02	68.02
奥林匹克体育中心——体育场		12.00	12.00	12.99		12.99	24.99
奥林匹克体育中心——体育馆		7.00	7.00		27.69	27.69	34.69
奥林匹克体育中心——垒球场		8.00	8.00	20.16		20.16	28.16
英东游泳馆		8.00	8.00				8.00
北京射击场		3.50	3.50				3.50
北京射击馆				37.51		37.51	37.51
老山赛车馆				42.68	3.31	45.99	45.99
老山山地自行车车场		4.00	4.00				4.00
公路自行车赛场							0.00
五棵松体育馆				282.65		282.65	282.65
五棵松棒球场				31.77		31.77	31.77
丰台棒球场				28.48		28.48	28.48

续表

体育设施	北京奥组委预算投资			北京奥组委预算外投资			总投资
	新	升级	总	新	升级	总	
紫禁城铁人三项赛场		3.50	3.50				3.50
顺义奥林匹克水上公园				74.85		74.85	74.85
北京乡村赛马场		15.00	15.00	101.01		101.01	116.01
首体院体育馆				34.22		34.22	34.22
北航体育馆		1.75	1.75				1.75
北体大体育馆				13.03		13.03	13.03
首都体育馆		7.00	7.00				7.00
北京工人体育场		3.50	3.50				3.50
北京工人体育馆		3.50	3.50				3.50
天安门广场沙滩排球场							0.00
青岛国际帆船中心				87.59		87.59	87.59
天津体育场				83.21		83.21	83.21
秦皇岛体育场				36.14		36.14	36.14
沈阳五里河体育场		1.75	1.75				1.75
沈阳体育场		3.50	3.50				3.50

转引自：Owen（2005）。

审计署的审计结果显示，2008年北京奥运会新建和改扩建了36个比赛场馆、66个独立训练馆和国家队训练基地，共计102个项目，分布于北京、天津、上海、沈阳、秦皇岛、青岛等城市。项目总投资为194.9亿元。截至2009年3月底，有92个项目已完成工程结算（见表5-4），总投资183.44亿元，累计到位建设资金175.3亿元。[①] 可以看出，如果必须建造许多设施或进行城市升级更新，那么体育设施成本和一般基础设施费用就会增加，而这将是由政府补贴来负担。

---

① 来源：审计署。（二〇〇九年六月十九日公告）《北京奥运会财务收支和奥运场馆建设项目跟踪审计结果》。

表 5–4　审计署对 92 个项目的工程结算（截至 2009 年 3 月底）[①]

来源	金额
中央财政安排	35.05 亿元
地方政府安排	82.64 亿元
海外华人华侨捐资	10.84 亿元
奥组委补助资金	3.68 亿元
教育部所属 3 所高校自筹	3.86 亿元
通过项目法人招标、银行贷款等	47.37 亿元

2008 年在京举办的奥运会具备世界一流水平的比赛场馆和系统配套的相关设施。奥运会结束后，这些场馆仍继续被使用，甚至在很多地方形成了新地标和旅游热点，承接多项大型活动，接待国内外游客，取得了良好的社会和经济效益。然而，仍有一些问题值得注意。北京市政府对国家体育场等奥运场馆采取项目法人招标方式，但是其中有一些项目的投资方资金不到位、将主体结构工程分解后各自组织施工。比如，"国家体育场股东之一的金州控股集团有限公司自项目开工投资就不到位，截止到目前（2009 年）仍拖欠 4700 万元"。[②]需要注意的是，认真研究奥运场馆赛后运营机制，统筹规划奥林匹克中心区运营管理，兼顾经济和社会效益，可促进奥运项目更好地发挥整体投资效益。对奥运项目建设过程中发生的违规招投标、建设资金不到位等问题，需要认真研究并吸取教训。

北京 2008 年奥运会的场馆和设施遗产的大部分资源被永久地保留下来，十多年来有着良好的社会效益。通过多种经营方式，也取得了一定的经济效益，例如实现连续多年营利的鸟巢。

（二）冬奥会场馆设施利用

北京冬奥会在场馆规划设计和建设过程中即考虑到了场馆的赛后运营，部

[①] 来源：审计署。（二〇〇九年六月十九日公告）《北京奥运会财务收支和奥运场馆建设项目跟踪审计结果》。

[②] 来源：审计署。（二〇〇九年六月十九日公告）《北京奥运会财务收支和奥运场馆建设项目跟踪审计结果》。

分赛后运营设施与冬奥会设施将同步建成,如北京奥运村的部分公寓、国家速滑馆西侧的部分地下车库等。由于这部分建造设施不直接为冬奥会赛事服务,相关成本不计入冬奥会总投资。

北京奥运会在场馆和基础设施方面的投资额提高到一个新的水平。北京奥运会带来的长期经济利益主要取决于与奥运会相关的场馆设施和基础设施投资在奥运会后的几年能否有效地促进整体经济发展。

与奥运会相比,冬奥会由于运动项目的普及面相对较窄,仅靠赛事维持可持续性的困难更大。奥运会需要可以容纳50个项目的场地,冬奥会需要可以容纳15个项目的场地。两个运动项目也可共享比赛场所,例如,先柔道后跆拳道。索契2014年冬奥会几乎需要新建所有必要的设施,而洛杉矶1984年奥运会几乎全部利用租借来的现有设施。北京2022年冬奥会必须预防"白象"问题[①]的出现。首先,某些国际单项体育联合会提出的某项体育运动独占设施的要求往往会产生"白象"。所以,应该更多地支持并鼓励多项目和多用途设施,并抵制比赛时国际单项体育联合会所提出的某项体育运动独占设施的要求。其次,参与者少的项目往往会产生"白象"。比如,雪车/雪橇轨道的建造和运营成本很高,然而全世界参与这两项运动的仅几千人。东北亚、北美洲和欧洲现有14条轨道。从这个意义而言,国际奥委会决定强制候选城市利用现有设施,无论是位于东道国还是在其附近,是朝着正确方向迈出的一步。最后,如果附近有类似设施,那么竞争因素也可能让一项体育设施成为"白象"。例如,在冬奥会结束之后,很少有城市需要三至四个冰场。因此,如果在附近就已有相关设施,就不应再新建任何设施,需新建的任何设施应分布在更广阔的区域(Chappelet,2018)。

北京冬奥组委早在初始阶段就体育场馆的赛后利用问题制定专门方案:云顶滑雪公园赛后将以发展冰雪运动和山地度假为重点,打造集运动、休闲、会议、度假为一体的山地型旅游度假区;国家跳台滑雪中心赛后将打造成集高端

---

① 所谓"白象",指因不适合当地居民需要,在运动会之后很少被利用的体育设施。通常,这些设施会被关闭甚至拆除,或者需要当地政府每年耗巨资来运作。

会议、休闲体验于一体的特色商务旅游区；国家越野滑雪中心赛后将改建成山地公园，组织冬夏两季的冰雪文体活动；国家冬季两项中心在满足国家体育训练和赛事的同时，建成适合青少年的滑雪培训和冰雪体验基地。

2018年6月5日，北京冬奥组委执行主席、时任北京市市长陈吉宁在平昌冬奥会和冬残奥会总结会新闻发布会上，介绍了2022年北京冬奥会、冬残奥会筹办工作情况。"2022年冬奥会共涉及北京市区、延庆、张家口3个赛区的26个竞赛、非竞赛场馆。其中，北京赛区有13个场馆，将承办全部冰上项目、单板滑雪大跳台项目和开闭幕式；延庆赛区有5个场馆，将承办高山滑雪、雪车、雪橇等项目；张家口赛区有8个场馆，将承担自由式滑雪、单板滑雪、冬季两项、跳台滑雪、越野滑雪等项目。"[①]

由"水立方"变身为"冰立方"的国家游泳中心是世界上首座实现"水冰转换"的场馆；同时，首次使用了清洁低碳的二氧化碳跨临界直冷制冰技术。首钢园区获得了国际奥委会主席巴赫多次称赞，"首钢园区必将成为奥林匹克运动推动城市创新发展、世界工业遗产再利用和工业区复兴的新典范"。

2022年2月16日国家发展改革委下达全民健身设施补短板工程2022年中央预算内投资，"为构建更高水平的全民健身公共服务体系，推动形成供给丰富、布局合理、功能完善的健身设施网络，国家发展改革委安排全民健身设施补短板工程中央预算内投资21亿元，支持体育公园、全民健身中心、公共体育场中标准田径跑道和标准足球场地、社会足球场地、健身步道、户外运动公共服务设施等项目共185个。"

国家大力支持国家重点研发计划"科技冬奥"重点专项，北京冬奥组委制定《科技冬奥重点项目实施方案》。北京冬奥会成功举办的又一重要经验，在于深度运用大数据、云计算、人工智能等前沿技术。北京冬奥会从规划、建设、赛事运营到赛后利用各个环节均使用了最新科技成果。国家速滑馆"冰丝带"是第一个使用二氧化碳作为制冷剂的速滑场馆。可转换冰场采用二氧化碳

---

① 新京报. http://sports.sina.com.cn/others/winter/2018-06-06/doc-ihcqccip1015745.shtml.

跨临界直冷制冰技术制冰。冰雪产业与 5G、VR、大数据、人工智能等技术紧密结合，科技成果的加速转化和应用催生了"智慧冰雪服务"等新应用模式。北京冬奥会立足低碳环保，打造绿色冬奥，最大化利用现有场馆和设施。相关数据显示，北京冬奥会实施了 30 多项低碳技术和措施，相比于传统方案共计减少二氧化碳 100 万吨左右。北京冬奥会在奥运史上首次实现全部场馆 100% 使用绿电，来自张北地区的风力、光伏、水电等输送到 3 个赛区 26 个场馆中，以科技创新赋能张家口可再生能源示范区建设。

一直秉承可持续理念规划和运行的北京冬奥会将吸引更多资源投入冰雪运动，从而推动冰雪产业的繁荣。北京冬奥会将显示中国发展冬季运动以及通过冬奥会促进地区经济、社会和环境可持续发展的不懈努力，将给中国和奥林匹克运动留下丰厚遗产。北京、张家口将从中受益：首先，扩大北京、张家口的国际知名度和影响力，有利于京张体育文化旅游带建设及区域经济发展。其次，吸引大量政府投资和社会投资于国家速滑馆、冬季两项中心、北欧中心跳台滑雪场等的建设，升级北京、张家口的场馆设施和基础设施。北京和张家口冬季运动设施的完善将吸引更多高端及各层次冬季运动赛事，从而提升中国冬季运动的整体水平；成立了雪车、雪橇、冬季两项等项目的国家队，将会逐步提升中国冬季运动的竞技水平。最后，带动大众了解、参与冬季运动，吸引青少年参与，增加冬季运动人才储备，促进中国冬季运动的发展与普及。

（三）入境游市场文旅消费

中国旅游研究院发布的《中国冰雪旅游发展报告（2022）》中的数据显示，全国冰雪休闲旅游人数从 2016—2017 年冰雪季的 1.7 亿人次增加到 2020—2021 年冰雪季的 2.54 亿人次，预计 2021—2022 年冰雪季我国冰雪休闲旅游人数将达到 3.05 亿人次，冰雪休闲旅游收入达到 3233 亿元。

中国冰雪旅游产业迎来了跨越式发展的契机。如何在北京冬奥会后持续发挥各个区域比如延庆区和张家口崇礼各自的特色，合理定位本区域冰雪产业发展方向，建立符合本区特点的冰雪产业体系，实现与周边地区错位竞争值得深思。作为服务贸易和国际消费的重要内容，入境国际游市场的复苏提升对于北京建设国际消费中心城市具有重要意义。

二、经济遗产

经济遗产包括冰雪产业发展、科技冬奥、市场开发、财务管理以及物流管理。

根据《北京2022年冬奥会和冬残奥会经济遗产报告（2022）》，北京冬奥会共成功签约45家赞助企业，其中11家官方合作伙伴，11家官方赞助商，10家官方独家供应商，13家官方供应商。

官方合作伙伴（11家）：中国银行、中国国航、伊利、安踏、中国联通、首钢、中国石油、中国石化、国家电网、中国人民保险、中国三峡。

官方赞助商（11家）：青岛啤酒、燕京啤酒、金龙鱼、顺鑫、文投控股、北奥集团、百胜中国、恒源祥、猿辅导、奇安信、盼盼食品。

官方独家供应商（10家）：英孚教育、科大讯飞、中国邮政、华扬联众、士力架、良业、空港宏远、东道、三棵树、BOSS直聘。

官方供应商（13家）：普华永道、随锐集团、金山办公、一石科技、歌华有线、河北广电、丰原生物、天坛家具、麒盛科技、石家庄印钞、诺贝尔瓷砖、舒华体育、东鹏瓷砖。

2018年7月特许经营计划正式启动，截至2021年底，开发16个类别的5000余款特许产品，线上线下销售渠道覆盖全国。冬奥会为赞助企业提供了发展机遇和平台，一批赞助企业通过冬奥赋能实现了快速发展。

仅从二级市场来看，相关概念股受到资本关注。制冷设备公司冰山冷热更是出现连续涨停。

从市场结果来看，北京冬奥会成功举办对我国冰雪运动和相关产业发展带来深刻影响，特别是冬奥会与数字经济的充分融合形成了拉动奥运经济的中国故事和方案。相关数据显示，北京冬奥会的成功举办使我国冰雪运动群体显著扩大，有效带动了冰雪装备市场繁荣和冰雪装备制造业转型升级。通过形成巨大的高质量国内新消费市场，打造和提升冰雪运动体育全产业链。比如，吉祥物冰墩墩在冬奥会开幕后的火爆，反映出我国具有成功研发奥运经济产品和成功构建奥运消费场景的卓越能力。

发展高端体育旅游休闲产业，推动冰雪旅游和相关消费有机串联，带动休闲娱乐、周边住宿餐饮、景区游览的良性互动。

根据媒体报道，北京市推动新型社交媒体资源，助力国际市场营销。比如，北京市连续五年推出"长城好汉"海外营销推广品牌。2021年"长城好汉"与北京冬奥组委、国家速滑馆合办，以"冰雪京城激情冬奥"为主题，策划三条全新冬奥主题线路，打造视频、手册等成果，通过海外社交媒体、活动网站、主流媒体等渠道推广。主动组织北京入境旅游企业实地考察，先后开展六批次共计400余人次的入境旅行商线路踏勘，同步完善更新入境产品。又推出"北京入境旅游资源平台"，通过一系列围绕培训、文旅资源展示、主题在线圆桌研讨会、文旅资源在线预约洽谈会等的活动，加深国内外入境游合作伙伴对北京文旅资源的了解。开展"北京旅游专家计划"，为海外旅行商提供免费在线培训课程。

财税政策支持北京冬奥会。筹办以及举办奥运会是复杂的、影响广泛的系统工程，涉及政治、经济、社会等诸多领域，对经济领域的影响尤为突出。在北京冬奥会的筹办以及举办过程中，财税政策首当其冲发挥着政府的经济调控的重要作用。税务部门如何做好税收服务工作，继续发挥好税收职能作用，是成功举办这届盛会的重要保障。中国政府为成功举办北京2008年奥运会出台了大量税收优惠政策，财政部、国家税务总局、海关总署等部门颁布了多项税收优惠政策，如2003年财政部、国家税务总局和海关总署颁布的《关于第29届奥运会税收政策问题的通知》（财税［2003］10号）；2006年财政部和国家税务总局颁布的《关于第29届奥运会补充税收政策的通知》（财税［2006］128号），等等。与国外相比，我国与北京奥运会相关的税收优惠政策力度很大，而且没有因为奥运财政支出而提高税率或新设税种。

为支持北京冬奥会顺利举办，早在2017年、2019年，财政部、税务总局、海关总署等就分两批出台了一系列税收支持政策，涉及增值税、消费税、企业所得税、个人所得税、土地增值税、印花税、资源税等税种，覆盖了冬奥会筹办和举办过程的各环节。2021年，北京、河北两地税务机关共同编撰了《北京2022年冬奥会和冬残奥会税收指南》。2021年10月27日，国家税务总局联合北京冬奥组委为北京、河北两地的5家北京2022年冬奥会和冬残奥会及其测试赛增值税退税指定办税服务厅授牌。按照规定，我国对特定主体在中国境内发生冬奥会相关采购支出负担的增值税予以退还，并由北京、河北两地5家指定办税服务厅办理线下退税申请业务。

此外，北京冬奥会期间试运行数字人民币，使海外人士无须开设在岸银行账户即可使用数字人民币实现食、住、行、游、购、娱等全场景消费，构成了数字人民币创制过程中的重要金融创新和经验积累。

在物流方面建立了统一的科学协调平台，针对体育项目及人员众多的特点，避免重复采购和人力成本等的浪费，致力于体育产业的低碳化发展。体育比赛的结果具有不确定性，对赛事物流所需空间、地点进行充分考虑，进行实时动态管理，建立绿色体育赛事物流组织机制，积极制订可行方案。

三、社会遗产

社会遗产包括国际交流、包容性社会、社会文明、志愿服务、权益保护与法律事务以及廉洁办奥。

新时期的中国体育外交，正在"构建新型国际关系、构建人类命运共同体"这一新使命的背景下，将中国自己的特色、理念、倡议和主张更多地融入国际体育秩序和全球体育治理体系。共享办奥，即坚持共同参与、共同努力、共同享有，让冬奥会产生良好的社会效应。奥运会的举办不仅给京津冀地区带来深刻影响，更会作为一扇窗口，让北京乃至中国成为全世界关注的焦点和报道的中心。

大型国际赛事是展示国家形象、增强民族凝聚力、体现民族自豪感的重要舞台，是促进各国之间交流的纽带。2008年北京奥运会的成功举办，提高了中国民众的国际认知水平，塑造了积极健康的大国心态，增强了对我国体育外交事业的认同与支持。以"为国争光、无私奉献、科学求实、遵纪守法、团结协作、顽强拼搏"为主要内容的体育精神，极大地激发了全国人民的体育热情。我国体育健儿在冬奥会国际赛场上的优异表现，必将为祖国赢得巨大的荣誉，为中华民族凝心聚气带来强大支撑。开放办奥，指的是要坚持面向世界、面向未来、面向现代化，使冬奥会成为对外开放的助推器。

长期以来，重大体育赛事对外交流仍被视为国家和地区间友好交往的重要契机。此届冬奥会来华参加比赛的国家多达91个，来华赴约的国际政要达34位。以举办北京冬奥会为契机，我国不仅通过主权外事活动积极开展体育外交，也重视通过各种非政府组织和非正式外交场合发挥体育外交作用。这一宝贵经验给我国外交工作带来的启示在于，体育外交能够形成对传统外交战略的有机补充，通过体育交往有选择地展示我国的经济、社会和政治面貌，同时与"一带一路"等外循环战略形成协同联动，有利于消弭国际社会误解、释放多边合作的善意信号，最终提升与其他国家之间的交流广度与深度，甚至缓和或改善国际关系。长期以来，重大体育赛事被认为是促进外交和国家间交往方面的重要方式之一，是文化交流的典型形式。冬奥会的影响力大大提升了北京的国际能级。

廉洁办奥，即勤俭节约、杜绝腐败、提高效率，坚持对兴奋剂问题零容忍，把冬奥会办得像冰雪一样纯洁无瑕。奥组委在筹办工作中没有一味追求规模，而是充分利用了北京的基础设施和奥运会的设备遗产，大大节约了成本。

国际交往除了外交外事活动外，还有文化、体育等国际交流，以及国际的旅游休闲会展等。而与这些相关的基础设施的建设，借助北京冬奥会实现了全面升级。借助北京冬奥会，人才、服务、生活环境、营商环境等软件方面同样获得了较大的提升。为了加强与国际奥委会、各单项体育联合会和各国家地区奥委会等之间的联系，建立了特聘专家制度，选聘了来自18个国家的37名外国专家参与筹办工作。针对国内紧缺的造雪压雪、制冷浇冰等专业人才现状，引进了207名外籍专业技术人员。

进入21世纪以来，奥运会之所以成为主办国开展主场外交的关键场合，原因还在于气候变化、性别平等议题超越了传统的体育范畴，日益引发全球关注。在此类全球治理议题方面，体育外交是一种可以超越地理和政治的通用语言。北京冬奥组委发布《促进性别平等承诺》，致力于：第一，吸引更多的青少年关注北京冬奥会；第二，积极践行《奥林匹克2020+5议程》，努力提高女性的参与程度。2022年北京冬奥会包括51个男子项目和46个女子项目，共有2892名运动员参赛，其中女性有1314名，比例达到了45%，高于平昌冬奥会的41%，是女运动员参与比例最高的一届冬奥会。更好地促进了男女平等是北京冬奥会为我们带来的一个重要的社会遗产。

四、文化遗产

文化遗产包括宣传推广、文化活动、媒体与转播以及档案管理。

北京冬奥会吸引了全球目光。奥林匹克转播服务公司宣布："北京冬奥会已经成为迄今收视率最高的一届冬奥会，在转播时长、技术、内容制作方式等多方面都书写了新纪录。"

冬奥会开幕式的精彩呈现，让世界见证了北京在掌控大型活动运作上非同凡响的能力。开幕式集合了"中华文化、春节特色、双奥城市"的元素主题，让全球看到了处于"两个百年"奋斗目标征程上中国的文化自觉、文化自信和文化自强。2021年12月，北京奥运博物馆闭馆升级改造。2022年，冰雪和冬奥主题博物馆在崇礼落成。博物馆在保存文化、展示文化、传播文化等方面有着不可替代的作用。

北京冬奥会将百年奥运与长城文化、春节文化相整合，有望带动中国乃至亚洲的冬季运动发展，为全球冬季运动提供前所未有的发展契机，从而彰显奥林匹克运动价值，创造丰富的奥林匹克运动文化遗产。体育不仅是一种社会文化现象，是全人类的共同语言，更是我国优秀文化中的重要组成部分。冬奥会的举办能够生发出对中国社会发展的文化解读，能够以体育文化为契机全方位地展示中国文化，还有助于带来文化整合、提升国家软实力。

党的十八大以来，习近平总书记曾在多个场合提到文化自信。冬奥会开幕前后，一批冬奥题材、体育题材、冰雪运动题材影视剧陆续播映，在观众中引发热议。在电视剧方面，《超越》讲述短道速滑小将怀着热爱，在不断超越中成长，在冰雪速度间燃烧青春的励志故事；情景喜剧《冬奥一家人》讲述北京胡同里的一家人围绕冰雪运动追求梦想、实现梦想的故事，该剧温情和欢乐满满，生动诠释了从小家到大家、到国家、到天下一家的精神升华过程。在电影方面，《我心飞扬》聚焦真人真事，讲述冬奥健儿拼搏进取、为国争光的故事。

在 2022 年的北京冬奥会上，米哈游参与了体育展示音乐库的制作工作，璃月的两首背景音乐《璃月》《疾如猛火》被选入曲库。这两首音乐不仅可调动赛场气氛，也是面向运动员、观众展示我国文化的窗口。

此次冬奥赛事，既有归化运动员，又有坚持几届获得荣誉的老将，还有"写论文顺便拿个冠军"系列，充分为我们展现了多元文化的碰撞与融合。

我国高度重视中华优秀传统文化的保护与传承，制定颁布了《关于实施中华优秀传统文化传承发展工程的意见》等一系列政策性文件，提出了到2025年中华优秀传统文化发展体系基本形成、中华文化的国际影响力明显提升的总体目标，也强调了要加强对外文化交流合作、不断推动中外文化交流互鉴、助推中华优秀传统文化的国际传播等几项重大任务，给予保护传承中华文化、推动中华文化"走出去"高度的政策支持。2021 年 12 月，北京奥运博物馆闭馆升级改造。2022 年，冰雪和冬奥主题博物馆在崇礼落成。博物馆在保存文化、展示文化、传播文化等方面有着不可替代的作用。

北京冬奥会使体育超越了固有意义上的社会和文化范畴，更加凸显了体育作为全人类共同语言的独特地位，同时成功融入了我国的优秀传统文化和时代文化。

五、环境遗产

环境遗产包括低碳奥运、生态环境以及可持续性管理。

绿色办奥，即坚持生态优先、资源节约、环境友好。关于这方面，国际奥委会于 2014 年底通过了奥林匹克新一轮改革愿景《奥林匹克 2020 议程》，将可持续性列为奥林匹克运动改革的三大主题之一,并将其"融入奥运会的各个方面……融入奥林匹克运动的日常运行",从而确保了可持续发展的长期战略性。气候问题是国际奥委会可持续发展战略的五个重点之一,即针对运营和赛事活动制定有效的碳减排战略,并且使其与《巴黎协定》关于气候变化的目标保持一致,还要求在体育设施建造和赛事的规划阶段即把对气候变化的后果纳入考虑范围当中。

北京 2022 冬奥会早在申办阶段就做出了"创造可持续遗产"的重要承诺。自筹办以来就在场馆建设中广泛应用绿色低碳技术、使用可再生能源,并优化交通出行结构。冬奥组委于 2019 年正式发布了《北京 2022 年冬奥会和冬残奥会低碳管理工作方案》,从低碳能源、低碳场馆、低碳交通、北京冬奥组委率先行动 4 个方面提出了 18 项碳减排措施,之后还提出了林业固碳、企业自主行动、碳普惠等碳补偿措施,使得"冬奥会碳中和"的重要承诺具备可操作性。北京冬奥组委还组织专家团队在研究往届奥运会碳排放管理的基础上,采用国际奥委会发布的碳足迹方法,就北京冬奥会碳排放核算方法、基准碳排放量、碳减排量等进行严谨科学的论证和测算。北京 2022 年冬奥会的一系列减碳措施,向社会传递了绿色低碳的理念,为赛事实现碳中和奠定了基础。

北京冬奥会也是 2020 年中国提出"双碳"目标后举办的首个大型国际赛事。北京理工大学能源与环境政策研究中心副主任余碧莹教授告诉科技日报记者,根据他们的评估测算,北京冬奥会实施了 30 多项低碳技术和措施,相比于传统方案共计减少二氧化碳 100 万吨左右。

国家重点研发计划科技冬奥专项"低碳冬奥监测与碳中和调控关键技术及示范应用":项目的正式启动是在 2021 年 9 月。该项目由北京理工大学牵头,国家速滑馆、清华大学、北京航空航天大学、中科院合肥物质科学研究院、国舜绿建科技有限公司等多家单位联合。北京冬奥会的碳排放,不局限于一时一地,它涉及赛前、赛中、赛后三个阶段,跟人员、建筑、设备、物料、环境等都有关系。项目团队自主设计开发了碳排放"测(监测)—算(计算)—控(管控)—谋(谋划)"技术体系,研制"冬奥碳测"平台,将冬奥碳排放相关的人—机—物—环数据监测、碳排放核算、评估和管控功能集成于一体,科学量化了各项技术的减排贡献,让北京冬奥碳减排行动评估有据可依、有数可查、有物为证。项目组要做的,是对我国为绿色冬奥做出的努力进行呈现和总结。他们设计出了一套适合北京冬奥会的减排效果评估标准和方案。在较短时间内,团队加班加点,一项项梳理出北京冬奥会的低碳举措,量化各项措施的减排效果。国家速滑馆等场馆采用了二氧化碳跨临界直冷制冰系统,而历届冬奥会冰场制冰,主要采用的都是氟利昂等人工合成制冷剂技术或者氨制冷技术。相对来说,二氧化碳制冰系统在压缩、冷却、节流和蒸发四个环节都更为高效。同时,场馆利用冷热联供技术回收制冷系统余热,用于场馆的生活热水、融冰池融冰、冰面维护浇冰和除湿等场景。"我们在评估时就要了解,这个技术到底是怎么一回事,和传统制冰技术方案有哪些差别,哪些差别会影响到碳排放。"余碧莹介绍,根据他们的测算,按照四个月制冰时长,相比于传统间冷制冰,国家速滑馆等四个采用二氧化碳直冷制冰的场馆共减排约 6400 吨二氧化碳。再比如,"水立方"变身"冰立方",采取的不是用混凝土填平泳池再铺设冰面的方案,而是创新性地在泳池内搭建可转化的钢架结构。他们算出,这项技术带来了近 850 吨的二氧化碳减排量。这些是赛前中国在减排上做出的贡献。赛中的碳排放则是一个不断变化的数值。项目团队在"冰立方"和国家速滑馆两大场馆的看台区域、耗能设备、观众入口等数十个点位安装了成套智能监测装备,实时收集人流、能耗、场馆环境等数据。数据回传至团队研发出的冬奥碳测平台,即可计算出场馆各区域碳排放量。以采集的数据为基础,可进一步全面核算中国办冬奥会产生的碳排放和减排量。之所以选择这两座场馆,是因为它们采用了不同的制冰技术。监测出两座场馆的碳排放准确数据,对其他冰上场馆也有较强借鉴意义。雪上项目则主要根据采用的造雪设备、观众区域的具体设计和建造过程进行碳排放的核算。赛后,根据"科技冬奥"项目要求,团队还将给出北京 2022 年冬奥会和冬残奥会低碳解决方案和低碳成果全球宣传方案,向全球展示北京冬奥的低碳行动和减排贡献。

六、城市发展遗产

城市发展遗产包括城市管理、城市基础设施、城市服务保障以及城市无障碍环境。

北京冬奥会对举办城市旅游休闲的积极影响是带来直接的旅游收益以及长期的综合收益。投资和游客人数增长，可能对当地经济产生积极影响，甚至持续多年。而社会、文化和政治影响虽然无形，却可以支持并帮助举办地调整目的地形象，在国际上进行重新定位（Ferrari 和 Guala，2017）。2012 年加拿大温哥华冬奥会带来了令当地居民满意的旅游收益，整个城市最重要的遗产是环境，其次是经济和社会文化，而且当地居民对于冬奥会带来的旅游、社会文化和心理遗产持比较满意态度（Kaplanidou，2012）。

冬奥会被认为是城市变革和复兴的催化剂（Essex 和 Chalkely，1998；Bondonio 和 Guala，2011；Ferrari 和 Guala，2017；Gaudette，2017），并且通过城市化和建筑选择，塑造并影响城市景观（Bondonio 和 Guala，2011）。此类大型赛事可以推动城市和地区的持久变革，激发创新性和参与性旅游发展政策，这些政策超越了短暂的政治利益，保障了"东道主"和"客人"的社会、文化、经济和环境福祉（Ploner 和 Robinson，2012）。通过更新城市、吸引外来投资、促进旅游业，为主办城市创造新的形象，且作为城市和区域政策的组成部分，为举办地的有效转型带来了重大风险和明显机遇（Essex 和 Chalkley，2004）。都灵在举办第 20 届冬奥会后，从"工业城市"转变为"文化旅游城市"（Bondonio 和 Guala，2011）。Guala 和 Marra（2009）研究证实了都灵作为文化和旅游城市的新形象和吸引力。Mogridge（2016）指出，冬奥会是促进盐湖城体育城市建设的重要动力。

七、区域发展遗产

区域发展遗产包括京张地区交通基础设施、京张地区生态环境、京张地区冰雪产业、京张地区公共服务、京张地区体育文化旅游带建设以及京张地区促进就业。

北京冬奥会并非北京作为"双奥城市"的极化发展,更多的是塑造区域发展新格局和城市发展新模式,从而使发展成果更好惠及人民群众。

为区域和城市发展打造新模式,持续造福广大人民群众。北京 2022 年冬奥会为京津冀协同发展带来新的动力与机遇,突破了过去"冰雪运动不进山海关"的局限,通过形成巨大的高质量国内新消费市场,打造和提升了冰雪运动体育全产业链。借助冬奥会,河北省快速改善交通条件,多条高铁、高速公路建成通车。张家口把握京津冀协同发展国家战略和可再生能源示范区建设这一历史机遇,拉动张家口城市整体发展,吸引国际国内各类企业到张家口发展。冬奥小城崇礼从一个贫困县已经成为高端滑雪聚集区。

推动冬奥会与地区长期发展相结合,是贯彻北京 2022 可持续发展理念的内在要求。2015 年,中国政府出台了《京津冀协同发展规划纲要》,这是一个国家战略。举办 2022 冬奥会与这一战略契合,有助于推动京津冀成为中国经济增长的新的基点,甚至成为世界特大都市群可持续发展的典范。举办奥运会不仅仅是一两个城市的事,也不仅仅是体育行业的事,而是国家层面的大事。中国举办北京冬奥会明确要求把主办奥运会与城市发展紧密结合起来,即把奥运战略融入京津冀协同发展之中。

2016 年 12 月 17 日,北京市、天津市、河北省在张家口共同签署《深入推进京津冀体育协同发展议定书》。三地在就进一步发展全民健身、提高竞技体育水平、推进体育产业发展以及密切相互沟通联系四方面将进行深入交流合作。 其中,"京津冀将以户外运动为特色,共同建设打造草原健身、山地健身、湿地水库健身、滨海健身、冰雪健身、航空体育 6 条贯通京津冀的旅游休闲产业带。"京津冀将共同打造一系列区域性群众体育品牌赛事活动,进而推动全民健身开展;将通过联合举办高水平竞技体育赛事、强化京津冀三地青少年体育交流与协作、共享专业训练基地等措施,推动竞技水平不断提高;构建京津冀体育产业资源交易平台及京津冀体育场地网络信息服务平台,推动体育产业的发展。①

2017年1月,习近平总书记视察张家口时指出,"河北省、张家口市要抓住历史机遇,紧密结合实施'十三五'规划,紧密结合推进京津冀协同发展,通过筹办北京冬奥会带动各方面建设,努力交出冬奥会筹办和本地发展两份优异答卷"。

京津冀地区有着体育运动活动的传统。在每年的"奥林匹克日"和"全民健身日",北京、张家口都会举办如奥林匹克日长跑、奥林匹克文化节等一系列活动。

2022年冬奥会比赛场馆分布在北京、延庆和张家口三个赛区。延庆赛区和张家口赛区位于北京市西北方向的燕山山脉,其气温、平均结冰期、平均积雪深度以及风速等指标均适合冬奥会雪上项目的赛事。②北京赛区举行开闭幕式和冰上项目比赛,延庆和张家口赛区举行雪上项目比赛。三个赛区的布局满足比赛场地技术要求,有利于组织赛事及分散场馆赛后利用压力,更是最大限度地促进冬奥会项目在北京周边地区乃至中国的发展。

北京冬奥会致力于让北京、张家口乃至全中国与奥林匹克运动共享长期成果。北京—延庆—张家口赛区沿线是京津冀协同发展国家战略规划的体育文化旅游带,表明北京冬奥会的愿景和规划同中国中央和地方政府的长期发展计划目标相契合。为使冬奥会与环境、经济、社会发展相融合,符合奥林匹克运动的宗旨和国际奥委会《奥林匹克2020议程》的改革方向,北京冬奥会提出以运动员为中心、可持续发展、节俭办赛"三大理念"。为了实现这些理念,需要全面考虑各个利益相关方的诉求,严格控制成本,执行稳健的财务计划并节俭办赛,在举办赛事的过程中就开始规划奥运遗产,进而实现奥林匹克运动与城市愿景、国家意志、公众意愿的共赢。

北京尤其是张家口将从中受益:首先,扩大北京尤其是张家口的国际知名度和影响力,有利于京张体育文化旅游带建设及区域经济发展。其次,吸引大

---

① 国家体育总局.http://www.sport.gov.cn/n316/n338/c780973/content.html.
② 北京日报.http://news.163.com/15/0610/02/ARNEMNON00014AED.html.

量政府投资和社会投资于国家速滑馆、冬季两项中心、北欧中心跳台滑雪场等的建设，升级北京、张家口的场馆设施和基础设施。北京和张家口冬季运动设施的完善将吸引更多高端及各层次冬季运动赛事，从而提升中国冬季运动的整体水平；成立了雪车、雪橇、冬季两项等项目的国家队，逐步提升中国冬季运动的竞技水平。最后，带动大众了解、参与冬季运动；吸引青少年参与，增加冬季运动人才储备，促进中国冬季运动的发展与普及。

得益于北京冬奥会以及京津冀协同发展国家战略，我国在北京、张家口地区的冰雪体育产业发展逐渐起步，许多一直处于亏损状态的滑雪场逐渐转入营利阶段。紧扣冬奥主题，加快推动京张体育文化旅游带建设，举办北京冰雪文化旅游季，推出多条冰雪主题精品线路和北京冰雪旅游地图。积极申办高山滑雪世界杯、雪车雪橇世界杯等体育赛事，吸引国际体育组织入驻。

第四节 分析与讨论

近年来，体育治理状况日益复杂化，体育事务的治理面临着日益繁多的挑战。一个完整的体育系统内部，各体育组织呈现网络化，彼此相互关联。如果各利益相关方之间缺乏合作与协作，体育赛事乃至整个体育系统则无法正常运转。非营利性和营利性体育组织、商业组织和政府的自主性也必须与适当的管理相结合。国际、国家等体育组织在治理方面面临新问题。

随着职业化的发展，体育事务渐渐开始被视作经济活动，并因此被纳入欧盟法（以前称欧共体法）的主要管辖领域（Chappelet，2016）。1995年博斯曼法案之后，合同到期的欧盟球员可以自由转会至新俱乐部。这意味着合同期满的球员的身份是所谓的"自由人"，因此他的前俱乐部无权收取任何转会费。博斯曼裁决对欧洲的职业足球产生了深远的影响，因为它在很大程度上削弱了俱乐部对球员的限制，从而增加了球员转会的自由度。欧盟与众国家之间存在着各种协定，博斯曼法案进而扩散至许多非欧盟国家。2001年，国际足联

（FIFA）被迫修改转会规则，使之与欧盟法相一致（Chappelet，2016）。体育领域普遍将博斯曼裁决视为对体育事务的干涉，并呼吁政府认识到"体育的特殊性"。麦卡－麦迪纳案（Meca-Medina）争论的焦点是国际奥委会的反兴奋剂规则是否违反欧盟竞争法的相关规定。该判决是最先用《欧共体条约》来裁定有关体育组织的内部规则是否合理的案件之一。

从2011年到2013年，欧盟委员会资助了体育管理领域的若干项目，其中包括国际体育善治行动项目（Action for Good Governance in International Sport，AGGIS）和国际体育文化协会（International Sport and Culture Association，ISCA）倡导的基层体育运动善治项目（Good Governance in Grassroots Sports）。2014年，来自欧盟成员国的特设专家组制定了"体育善治原则"，将体育治理定义为"体育领域中的组织机构制定其政策和战略目标，与主要成员共同行动，监测绩效、评估和管理风险，并向其成员说明其开展的活动以及活动进展情况，包括制定有效的、可持续的和适当的体育政策"。在这里，值得注意的是，这些由欧洲国家制定的原则包含很多有条件的规定，并没有太多的约束和监督效果（Chappelet，2021）。

"自治"关系到非营利体育组织及各级体育部门，欧盟、欧洲委员会、联合国及联合国教科文组织等政府间国际组织或国际奥委会、国际单项体育联合会等国际体育组织。"自治"与体育政策及体育组织的发展密切相关。

国际单项体育联合会（IFs）是在各自一项或几项体育项目中位于垂直系统的顶端，并管辖这些项目的国家级组织的国际性组织，其治理状况非常值得深入探讨。比如，国际足联负责管理全球足球事务，下设欧洲足球联合会、亚洲足球联合会、非洲足球联合会等洲级协会，分管各大洲足球事务。亚洲足球联合会、非洲足球联合会各分设五个分会，例如，亚洲足球联合会还分设东亚足球协会、东南亚足球协会、西亚足球协会、中亚足球协会、南亚足球协会。各洲级足球协会下再设各国家足协。

然而，近年来，伴随着体育商业化，兴奋剂、假球、非法体育博彩、滥用体育公共资金等丑闻屡屡曝光，体育国际治理面临着日益繁多的挑战。这些体育治理方面的公共事务难题，部分可以归因于体育领域一直以来所采用的层级制。之前，这种集权制的层级制治理结构在一定程度上保障了各国际体育组织的利益。可以看出，国际体育协会正在经历从自治到善治的过程。在这里并不是否定体育自主性，而是希望体育领域能够实现真正的自主性，警惕体育行业自治所造成的弊端。

在体育领域，主要利益相关者正在发生变化，也在经历着相互作用的动态演变，进而对体育治理及政府职能转变提出了新的要求。组织一场体育赛事以及反对使用兴奋剂、对抗体育暴力、应对比赛结果操纵等都需要体育组织与国家之间的紧密合作。这既涉及尊重体育组织的自主性，也对善治提出了更高要求。体育治理则必须着眼于维护主要利益相关者的权利。必须对治理进行长期监控，才能知道治理是否得到改善。"善治"的目标应该是确保每个组织内的"更好的治理"。治理的重点应该是有助于体育组织改进，而不是产出某些体育组织的排名。

杜占元[①]提出：可从四个维度系统理解习近平总书记倡导的全球治理观的思想内涵。在价值理念层面，体现出鲜明的人类观（共同命运观、正确义利观、多边治理观、共商共建共享观、主权首要观）。在规律认识层面，体现出深厚的历史观（经济全球化大势、世界正处于百年未有之大变局、经济全球化呈现出的新的阶段性特征、和而不同）。在基本内涵层面，体现出系统的全局观（和平发展观、合作共赢观、文明互鉴观、共同安全观、创新引领观、美丽家园观、网络治理观、治理能力观）。在实践推动层面，体现出务实的角色观（坚持做世界和平的建设者、全球发展的贡献者、国际秩序的维护者、公共产品的提供者）。深刻领会习近平总书记关于全球治理的思想方法：坚持历史趋势与时代特征相统一；坚持人类情怀与国家情怀相统一；坚持道义价值与现实需要相统一；坚持遵循原则与讲究务实相统一；坚持系统布局与重点推动相统一；坚持国际道义与国家利益相统一；坚持规则意识与权益意识相统一；坚持

---

① 杜占元. 积极向国际社会传播全球治理的中国方案[J]. 对外传播，2022（05）：4-8.

治理理念与实际行动相统一。

中国共产党的领导是北京冬奥会、冬残奥会成功举办的根本保证。政府机构发挥了主导和引领作用。中国政府全力支持北京冬奥会，把冬奥会融入京津冀协同发展国家战略。北京市、张家口市政府统筹推进冬奥会与城市可持续发展，制定实施环境保护等领域的发展规划和具体措施，密切与冬奥组委、非政府组织、社会团体、公众、企业等利益相关方的合作。

第六章 后冬奥时代做好遗产保护和利用的政策建议

北京冬奥会独具创新性并将冬奥遗产的创造、转化利用贯穿于整个冬奥会的筹办、举办和赛后整个周期，有利于持久地释放北京冬奥会的影响力。

一直以来，我们都探讨着我国的体育事业究竟"为了谁"，而申奥、筹奥、办奥的历程恰能回答这个问题：我国体育事业始终秉持着以人民为中心的根本原则，针对着人民群众在不同时期的意愿出台了一系列与之对应的政策、规章、条例。因此，后奥运时代必须以人民群众高不高兴、满不满意为标准，通过运用好冬奥遗产，继续坚定不移地满足人民群众追求美好生活的需要和向往，让人民通过体育续写新的伟大篇章。

一、体育遗产

北京和张家口政府统筹开展冬奥会工作，为建设世界级的冬季运动目的地打下了坚实的硬件基础和群众基础、服务基础，为后冬奥时期把冰雪竞技运动发展为冰雪大众运动，带动体育休闲产业发展做好了铺垫。

1. 创新冬奥遗产的开发和利用工作

需要把冬奥会遗产与环境保护进一步结合，以达到人与自然环境和谐共处。冬奥场馆的管理机制与奥运会是相似的，但两者在设施规模上存在着很大的差异。与北京2008年奥运会相比，对于国内普及度并不高的冰雪体育运动项目的场馆的赛后运营，需要分门别类、积极主动地发掘其市场潜力。后冬奥时代，对北京市已有的场馆、雪场和赛道进行分类管理，对于承接冬奥赛事举办的专业场馆、雪场和赛道进行分类使用。其中，滑冰环型道很容易重复使用；如果滑雪者人数不断增加，那么滑雪场和设施（升降机、小屋等）更易重复使用；但国际经验表明，雪车/雪橇的滑行场地和滑雪跳台通常而言很难得到再利用。

2. 更加精细化注意办赛过程中的某些细节

比如，尽可能减少区别对待奥运村和隔离酒店的餐饮供应等。奥林匹克运动的利益相关方和参与者都是奥林匹克大家庭中的一员，彼此之间互通有无守望相助，共享温暖与激情。

3. 增加普惠大众冰雪场所供给

北京冬奥组委响应《奥林匹克 2020 议程》，坚持节俭办赛，充分利用现有场馆、合理规划场馆赛后使用，以市场为主渠道筹措赛事运行资金，严格控制建设成本和办赛成本。北京冬奥充分利用了 2008 年奥运会的场馆遗产，这降低了成本。如，将国际会议中心作为主新闻中心和国际广播中心，将鸟巢作为冬奥会和冬残奥会的开闭幕式场地，水立方举办冰壶和轮椅冰壶比赛，等等。

后冬奥时代，在合理利用现有冰雪设施供给基础上，着力完善基础性群众冰雪场地场所，如针对群众游玩较丰富且符合冰场建设条件的滨水公园、部分河流流域等，可参考什刹海冰场等开发运营模式。开发公园冰雕、景区冰灯、园区冰嬉等群众日常冰雪消费场所。提升冰雪服务供给质量，建立现代化的冰雪景区，度假区运营管理和商户筛选机制，提升消费体验，丰富消费场景。优化冰雪消费场所交通通信、装备器材销售租赁、应急救援等服务，鼓励降低门票价格和停车费等。比如，崇礼国家跳台滑雪中心，可以尝试"景区+营地+平台"的运营方式，引入房车露营等，提供烧烤、餐厅等餐饮服务，配套停车场、公共卫生间、滑雪板出租、摆渡车接送，吸引冰雪运动爱好者。学校体育场馆设施应当适时向师生开放，鼓励和支持各级各类学校与社会场馆、俱乐部、培训机构合作。注重遗产可持续性，最大化利用现有场馆和设施。

4. 推动全民健身，关注青少年近视、肥胖等问题

实现"带动3亿人参与冰雪运动"是北京冬奥会最宝贵的遗产。通过北京冬奥会推动全民健身活动深入开展，传递一种健康向上的体育精神和健康生活的理念，全面提升国民体质。未来是青少年的。如何有效推动冬季运动设施和冬季项目赛事向青少年免费或低价开放、开展冬季校园体育活动、培养冰雪运动后备人才、夯实冰雪运动群众基础？

北京冬奥会激发了人民群众走出家门参与冰雪运动的全民健身热情。2022年4月18日，体育法修订草案再次提请全国人大常委会审议，明确"弘扬中华体育精神"、关注青少年近视肥胖等问题。

后冬奥时代，借力冬奥推动校园冰雪运动发展，进而推动全民健身乃至健康中国，将会有效提升冰雪服务供给质量，建立现代化的冰雪景区、度假区运营管理体制和商户筛选机制。

二、经济遗产

我国现行的财税体制具有其独特优势，不太可能由于举办冬奥会而出现严重的地方财政赤字。2008年北京奥运会以及2022年冬奥会出台了科学合理的财税政策，对后续非常具有借鉴。

1. 重视奥运会相关的产业的税源，保证举办冬奥会的充裕资金，同时防止增加纳税人负担

举办冬奥会是北京市调整首都产业结构及张家口市提升优势产业发展的重要机遇。目前已经出台的税收政策大部分围绕的是冬奥会前期和中期阶段，现在开始还应该更多着眼于奥运后期的政策效果。例如，目前，体育产业方面的税收优惠政策主要集中于公共部门的体育彩票业。奥运会中后期的税收优惠政策应着重于对相关行业及对奥运遗产传承进行保护与开发提供税收激励政策。

应该逐步完善奥林匹克环境保护方面的相关税收政策。国际奥委会高度重视环境保护工作，宣布到2030年将减少近一半温室气体排放。北京2022年冬奥会，已承诺实现碳中和。然而，目前已经出台的税收政策还没有涉及这方面。

在举办奥运会的过程中应慎用大规模的免税措施。比如，对于国际奥委会或奥组委等体育主管部门组织赛事所获收入，应免除其应缴纳的增值税、所得税等相关税收。但对于相关组织从事商业活动所获收入则应当依法收取增值税、所得税等相关税收。

在冬奥会税收优惠政策落实方面要精准。北京市税务局与河北省税务局为国际奥委会、北京冬奥组委、冬奥场馆、冬奥赞助商、转播商5大类减免税主体提供服务，涵盖了增值税、个人所得税等多个税种。第一，北京市、河北省两地的税务机关应继续强化协同联动，建立起跨省税收协同机制。两地税务机关需要加强政策共享、办税互通和服务共建。此外，北京冬奥会应该有一套自己专门的办税流程机制，确保可以线上线下集中受理。例如，可以依托微信公众号、直播功能，使得外籍纳税人从直观上有所体验。可以继续简化对外支付审核流程和外籍纳税人免征个人所得税流程，实现冬奥退税全程网上办理，对冬奥免税申报编制"流程指引"，从而确保各项税收优惠政策落地，高效办理冬奥涉税业务。还可以继续推进培训组建双语人才团队，为外籍纳税人提供全冬奥退税服务。

建立多部门的沟通协调、密切协作配合的体制机制。冬奥会的税收优惠政策涉及税务、财政、国库、外汇等一众部门，相关政策衔接、征管系统调整等诸多难题亟待解决。例如，为了实现退税主体不离境即退税，确保税款退付及时，税务部门与国库需要全力协同配合。

2. 严格规范冬奥会的预算体系和及时开展审计工作

由于涉及公共资金，在预算评审、项目招标、物资采购、资金分配和使用等环节持续监督以从申办阶段起即为奥组委和地方公共部门的管理提供保障。说到底，审计的源头是预算，尽可能从筹办之初就协助相关机构规范预算编制，严格预算管理。及时审计，公开信息，取信于民。世界范围内奥运会广受质疑的难点之一就是其财务问题。多届奥运会存在着财务不清晰的现象。做到及时审计并公开信息，则可以取信于民。2017 年 4 月，《北京 2022 年冬奥会和冬残奥会跟踪审计总体安排》获国务院批准。冬奥跟踪审计正式开始。2018 年中央审计委员会成立，冬奥跟踪审计成果上报中央审计委员会、国务院，地方审计机关同时上报地方党委审计委员会和地方政府，推动整改落实。由于冬奥会竞赛项目特点、资金来源方式、资金支出类别多、范围广等特殊因素，冬奥跟踪审计相比奥运会无论是审计内容和范围、投入时间和资源上都更有难度和挑战性。

北京冬奥会是《奥林匹克 2020 议程》颁布之后首届从筹办之初就主动率先执行该新规的冬奥会，为北京冬奥会实施高效节约的预算管理、成本管控带来了新的挑战。可以把包括充分利用 2008 年北京奥运会的基础设施等在内的执行新规的经验推广介绍到未来赛事，促进遗产可持续利用。

3. 后冬奥时代，继续加强物流管理

俗话说"兵马未动，粮草先行"，早在冬奥会开幕之前，冬奥物流工作就已经开始了。由于受到疫情的影响，北京冬奥会所面对的形势错综复杂，全球供应链处于不稳定之中，疫情又增加了供应链的不确定性，物流工作也面临挑战和风险。

冬奥会物资涉及两地三赛区，类别繁杂，数量巨大。体育器材、设备的运输及后勤等都需要物流的绿色安全保障。比如，使用环保车辆和设备，张家口赛区使用氢能源货车，北京赛区使用新能源货车和物流操作设备。在运输的过程中，难免会出现由于运输工具的尾气等造成环境污染的现象，因此，在未来赛事中应制订科学合理的物流计划，减少配送环节，实现节能减排的目标。此外，体育赛事涉及方方面面的人员，也会产生许多垃圾与废弃物，处理时需要注意。

4. 通过形成巨大的高质量国内新消费市场，打造和提升了冰雪运动体育全产业链

北京冬奥会有效促进了个人的消费，曾经，"冰雪运动不进山海关"；如今，冰雪运动从冬季走向四季。随着体育文化市场经济的繁荣和发展，以市场

为主导的商业化运作逐渐成为趋势。

2022年12月14日，中共中央 国务院印发《扩大内需战略规划纲要（2022—2035年）》提出，要积极发展服务消费，要扩大文化和旅游消费。同时，要促进群众体育消费。由于受到疫情波及，全国体育服务业受到程度不一的冲击，一些体育赛事暂停举办，室内体育培训机构暂停营业。中国近期将举办亚运会及大运会等多个世界级大赛，可以把冬奥会促进体育文化市场发展的经验推广开来。

三、社会遗产

我国体育对外开放不断扩大，对外体育交流持续深化，显著增强了我国的体育国际影响力，应该积极发挥体育在外交中的战略价值。对此，我们要坚持"开放办奥"理念，通过奥运外交，促进中西方体育、文化等方面的交流，加深与世界各国人民的友谊。要以习近平总书记体育外交实践活动和外交思想为准则，努力与其他国家建立文化互融、经济互联、政治互信的关系，谋求共同发展。此外，也要借鉴国外举办冰雪赛事的经验，办好冬奥会，赛后遗产可持续利用。

重视归化运动员管理和舆情工作。奥运会所承载的文化与文明内涵，与职业体育赛事存在较大区别。国内观众对于运动员代表祖国参赛，势必要求其具有"为国争光"的由衷荣誉感，以及对热爱祖国和民族团结的真实自豪感。对此，需要注意防范后冬奥时代归化运动员管理和舆情工作中的潜在风险点。例如，需妥善开展与归化运动员相关的金牌、奖牌成就宣传工作，通过正确引导着力避免宣传上的归化运动员的过度功利行为，针对归化运动员在后冬奥时代的重大外事风险点予以提前研判并做出舆情工作预案等。

四、文化遗产

如何利用好这一机遇是非常值得思考的问题。新中国走过70载，在人民群众不懈奋斗之下，社会文化得以大踏步飞跃，可很多外国友人对中国的了解还停留在传统文化领域。如果以一种国际社会可以理解的方式展示真正的中国文化，不仅有利于我国未来的发展，也能够给全人类带来福祉。对此，我们不仅需要通过冬奥会呈现中国传统文化的文明积淀，更需要通过它来展示中国社会发展的成果，从而让全世界了解北京乃至中国这些年来的发展变化。此外，在未来的后奥运时代，还应着重思考如何一步加强冬季冰雪运动的普及和发展，让广大人民共享举办冬奥会的成果和福利。

打造体育文化交流平台，有助于北京国际交往中心的建设。把长城文化、春节文化及百年冬奥与奥运会相整合的2022年冬奥会，有望带动中国乃至亚洲的冬季运动发展，为全球冬季运动提供前所未有的发展契机，彰显奥林匹克运动的价值，创造丰富的奥林匹克运动文化遗产。体育是一种社会文化现象。中国体育文化所生发出的对中国社会发展的文化解读，通过举办冬奥会可以以体育文化为契机全方位展示中国文化；不仅要着眼于通过举办奥运会传播中国文化，也在于通过冬奥会这一全球性的体育文化整合文化的力量并提升国家整体的软实力。比如，冬奥会上外国运动员的社交媒体就极具品牌价值。美国自由式滑雪 U 形池运动员阿伦·布隆克（Aaron Blunck）就曾在新闻发布会上称在美国他看到了各种关于北京冬奥会的不负责任的报道。"那些其实都是假的。实际上，一切都很了不起。所有人，从工作人员到核酸检测员，到住宿条件，这是我们参加过的水平很高的冬奥会。"很多外国运动员开心地在自己的社交媒体上分享北京冬奥之旅。这对我们在未来举办亚运会及大运会时展示大国外交，戳破有可能的外交抵制具有宝贵价值。

信心胜于黄金。在全球面临百年未有之大变局以及新冠疫情冲击的特定背景下，人们的预期发生了变化，有很多的地方需要调整。北京冬奥会结束后，需要继续保持互联网信息渠道特别是新媒体平台的正面舆情热度，在潜移默化中输出我国大国形象，有助于应对疫情带来的不确定性。

五、环境遗产

走可持续发展之路，把北京冬奥会遗产与环境保护进一步结合，争取把北京和张家口打造成国际化的冰雪生态体育城市。

而在未来的后奥运时代,更需要把冬奥会遗产与环境保护相结合,以达到人与自然环境和谐共处。虽然冬奥场馆的管理机制与奥运会是相似的,但两者在设施规模上存在着很大的差异。与北京 2008 年奥运会相比,对于国内普及度并不高的冰雪体育运动项目的场馆的赛后运营,要分门别类、积极主动地发掘其市场潜力。其中滑冰环型道很容易重复使用;如果当地滑雪者的人数不断增加,那么滑雪场和设施(升降机、小屋等)可以重复使用;而雪车/雪橇的滑行场地和滑雪跳台却很难得到再利用,因为世界上现存很多,但使用者则很少,更需要发掘其他用途。

六、城市发展遗产

发展高效体育服务。体育赛事应当建立全方位海陆空的物流配送中心,发展高效体育服务,促进城市服务保障与无障碍环境。城市的布局与自动化、规模化、集约化是发展高效物流的关键,也是发展体育产业低碳发展的关键。应当利用网络信息技术,构建网络信息管理平台,构建信息化体育物流体系,将赛事物流信息进行打包、分析、处理并提供物流活动的决策依据。构建体育赛事的城市应当合理调配体育赛事期间的城市交通、物流配送途径和物流配送方案,优化配送效率,减少体育赛事中的物流浪费。体育赛事中的媒体信息服务和高效率的信息化传递是专业从事体育赛事构建的物流企业沟通交互的平台,应当将高标准和前瞻性的信息化物流服务和现代化的物流信息网融入物流平台构建之中。

七、区域发展遗产

2015 年,中国政府出台了《京津冀协同发展规划纲要》,这是一个国家战略。举办 2022 年冬奥会与这一战略契合,有助于推动京津冀成为中国经济增长的新的基点,甚至成为世界特大都市群可持续发展的典范。举办奥运会不仅仅是一两个城市的事,也不仅仅是体育行业的事,而是国家层面的大事。中国举办北京冬奥会明确要求把主办奥运会与城市发展紧密结合起来，即把奥运战略融入京津冀协同发展之中。

北京冬奥会纳入京津冀协同发展国家战略，有效推动了冬奥会与城市生态环境改善、经济发展和社会进步紧密结合，让城市发展有力保障冬奥会举办，举办冬奥会加快城市发展，奥林匹克运动与城市良性互动、共赢发展。

推动冬奥会与地区长期发展相结合，是贯彻北京2022年冬奥会可持续发展理念的内在要求。中国政府全力支持北京冬奥会，把冬奥会融入京津冀协同发展国家战略。北京冬奥会带动了京津冀协同发展，"冰天雪地也带来了金山银山"。

在后冬奥时代，应着力将北京冬奥会遗产与环境保护进一步结合，争取把北京和张家口打造成国际化的冰雪生态体育城市。着力使北京冬奥遗产更好地服务于城市创新和区域发展。

以北京冬奥会为契机，未来京张体育文化旅游带的建设和发展有望活化更多体育和文化资源，从而实现体育、文化、旅游等多领域融合发展。此外，从体育与经济工作相结合的角度看，应着力使冬奥建设更好地服务于城市创新和区域发展。

可以看出，奥运会的举办将给中国尤其是京津冀地区在社会、经济、文化、政治和心理等领域带来深刻影响。后冬奥时代，可以培育京张体育文化旅游带冰雪竞赛表演市场。

现阶段，中国以冰雪旅游为代表的冰雪产业总体发展水平还有较大提升空间。随着冬奥会的申办成功，中国冰雪旅游产业迎来了跨越式发展的契机。需要充分借鉴著名冰雪旅游城市和大型冰雪赛事举办城市冰雪产业的发展经验，从冰雪旅游开发现状和旅游业发展思路出发，以构建冰雪产业链条为主线，以冰雪旅游品牌项目为支撑，以快速交通与城镇交通体系为网络，明确区域冰雪产业发展的定位和方向，明确产业发展格局和发展策略，加快区域内产业集聚和融合。

在此基础上，还需要思考如何将冬奥建设服务于城市更新和区域发展，例如以此为契机,通过北京未来的高质量发展,辐射带动京津冀地区协同发展。北京冬奥会留下来众多城市地标,应关注如何让这一类建筑物更具有现代价值、生活价值及美学价值。对此,可结合国外经验,增加奥运遗产的产业化功能,如将奥运区域开发成数字创意产业园区、公园等,使之获得新的城市空间功能。

第七章 讨论及展望

　　北京市及张家口市政府统筹推进制定实施经济发展、环境保护、城市建设、奥林匹克教育等领域的发展规划和具体措施，与冬奥组委、非政府组织、社会团体、公众、企业等各利益相关方密切合作，为我们展示了团结向未来的中国贡献。

一、树立对奥运会功能的合理预期

　　奥运会支持方不应该总是宣称奥运会将会解决一个城市或国家的所有问题。在这方面，很重要的一点是不对人民作超高承诺，例如促进旅游或提高体育活动参与的这些目标往往只能部分地实现。应鼓励对已经举办过的奥运会的科学研究以及奥运会与收益之间的真实因果关系的研究。奥运会的成功，离不开当地社区支持下的奥组委的良好管理和有关当局的合理规划。在这方面，独立的国家（政府）监督和国际奥委会监督对奥运会可持续性及其正面遗产至关重要。

　　国人对竞技体育的热情随着经济的提升等原因而逐渐降温。当今国人不再唯奥运金牌论。因此，在某种程度上，北京冬奥会能为中国特殊的竞技体育系统提供一次机遇，它以金牌战略的形式在中国的经济文化中发挥了如此重要的作用。发达经济体借助奥运会可以提高自身国际地位，然而对于广大"第三世界"国家而言，为了所谓面子则很不划算。当今世界，能满足一系列条件要求的城市并不多。2022年北京冬奥会上，奥组委如何更加务实运作，也值得注意。

二、为杭州亚运会的成功举办起到示范效应

借鉴北京冬奥会防疫成功经验，按照要求，抓好常态化疫情防控。北京冬奥会闭环管理从"服务前"就开始了，通过巧妙的前端设计事半功倍地预判服务过程中的痛点问题。两版《北京2022年冬奥会和冬残奥会防疫手册》介绍了冬奥会期间闭环管理政策、防疫原则和日常防护行为准则，对比赛场地、入住酒店等场所的消杀次数也进行了规范以及发现阳性确诊病例时的应急处理预案。

北京冬奥会"全媒体式"志愿者培训计划将会为杭州亚运会的成功举办做出示范。《北京2022年冬奥会和冬残奥会防疫手册》发布以后，冬奥组委并没有进行照本宣科式的漫灌，而是开发了在线培训课件，由防疫办负责人精讲防疫政策与规则、防疫机制与案例等，并上传到组委会信息与知识管理平台（在线学习平台），供各场馆的志愿者在线学习或下载使用。冬奥场馆实际投入运营以后，冬奥组委赛事服务处经过多次现场勘探，参照以往惯例，编制了《赛事服务培训工作方案》，编写了《赛事服务工作手册》。同时，拍摄制作大量实操视频，供赛事服务志愿者学习观摩。期间还组织全体赛事服务志愿者参与专题讲座、桌面推演等线下活动。

北京冬奥会的场馆运行管理工作将会为杭州亚运会做出表率，有助于逐步探索出一条既符合国际惯例，又兼顾中国实际的场馆化运行机制。286名国际技术官员参加7个大项、15个分项、109个小项的竞赛组织工作，同时还有1879名国内技术管理人员参与冬奥会的相关技术工作。北京冬奥组委和国际单项体育联合会就每一个技术细节进行了充分研究和沟通。

综上所述，第一，北京奥运会带来了巨大的效益，不论是经济效益，还是社会效益。第二，北京冬奥会将促进北京奥运会遗产积极效应的发挥，也凸显北京奥运会对北京冬奥会的支持作用。认真总结筹办奥运会的成功经验，可以提高北京冬奥会的组织管理水平。我国在历届奥运会取得了辉煌的比赛成绩，但是，金牌数仅展现了竞技体育事业的成绩，并不能够完全代表全民体育事业

的发展情况。

三、形成同我国综合国力和体育国际地位相匹配的国际话语权

在国际体育组织及国际体育界，我国取得的优异竞技体育成绩和大众体育活跃度同所掌握的话语权其实是不太相符的。当今世界，竞技体育提供了国与国之间比试的机会，但前提是需要一个公平的赛事竞争环境。如何和赛事组委会、国际体育协会等国际体育组织携手，科学、合理、高效地进行赛事组织安排是我国体育协会应该思考的问题。国际体育赛事往往充斥着几百种语言，即使大家语言再流畅，也不敢期盼各方可以时时刻刻正确接收一个清楚表达的消息。很多突发事件如果不能及时解决妥当，将会使国际体育界及国际友人形成误判。在国际体育舞台上，我们一直以大国的气度在容忍，但是，很多时候，应该展示一个据理力争、不容欺负的态度，通过合法合规的途径捍卫及争取自己的合法权益。

将中国自己的特色、理念、倡议和主张更多地融入国际体育秩序和全球体育治理体系之中。比如，可以通过鼓励中国学者尽可能多地在外媒发声的方式，向世界讲述中国的冬奥故事，增强中华儿女对我国体育外交事业的认同与支持。张家口可以和一些国家的城市缔结建立友好城市关系，这样可以将此次北京冬奥会的光辉延伸出去。在未来可以考虑吸引国际组织落户，满足国际人才工作生活需求。以冬奥会重大项目建设为牵引，强化服务国家顶层国际交往功能，打造中国特色大国外交。

四、蓄势国际旅游市场，推动高附加值的商务会展旅游

作为服务贸易和国际消费的重要内容，入境游市场的复苏提升对于北京建设国际消费中心城市具有重要意义。目前，北京以商务洽商、会议会展、科研讲学等刚性差旅目标入境的游客占总体入境游客的比重较低。入境游中依靠商务旅行带动的消费有限。对比巴黎、东京等世界城市，北京举办的国际会议会展数量还存在明显差距，会展数量少又导致了商旅客群少。冬奥赋予了北京最

佳的旅游城市形象推介，适时有序推进出入境游业务复苏，因此，北京要借势冬奥会对城市发展、旅游目的地和市民生活的全方位宣传契机，为入境游复苏储力。

在2021年，北京国际交往中心功能建设的第一个五年规划《北京市"十四五"时期加强国际交往中心功能建设规划》审议通过，其中，明确提出了持续优化"一核、两轴、多板块"空间格局。发挥建设北京国际交往中心的优势，发展高附加值的商务会展旅游。在未来，还可以进一步加大对俄罗斯、北欧等冰雪运动普及国家的"冬奥旅游""冰雪运动"和"专业赛事"的旅游营销。结合"双奥城市"品牌推广，大力拓展国际体育旅游消费市场，积极宣传在京举办的国际级知名体育赛事品牌，做大做强体育赛事旅游市场。将目的地营销与赛事直播、竞赛表演和观赛互动相结合，强化冰雪运动文化和冰雪旅游在促进境外专业冰雪旅游消费中的作用。着力形成以赛事场馆为中心，联动周边景区、会展承办地以及相关服务供给商集聚区的产业发展布局。比如，围绕延庆冬奥村形成的运动员及其团队的餐饮住宿服务保障链条、专业冰雪运动训练以及国际赛事固定的服务保障团队和场馆服务运作模式，会吸引更多高端专业赛事落地延庆，形成延庆、张家口专业冰雪运动赛事、展会、职业训练和专业培训品牌效应。比如，可考虑针对来京入住特定区域并在限定区域内从事商务活动的游客适当缩短隔离观察时间。借势冬奥赛会热点，盘活区域旅游资源。打造冰雪运动品牌赛事，实现冰雪场馆、景区的门票经济与运动赛事全产业链条并重的发展模式。

五、加强宣传指引工作

所有冬奥建设者、工作者、参与者拼搏奋斗，产生了众多团结奋斗、砥砺前行的宣传题材，特别是我国体育健儿在冬奥赛场上的优异表现，为祖国赢得了巨大的荣誉。做好宣传工作，树立典型，有助于进一步增强自信心和凝聚力，彰显中国精神、中国价值、中国力量。以各种形式弘扬北京冬奥精神、掀起学习宣传热潮。在各大中小学举办各种各样的宣讲会、分享会等，冬奥志愿者分享心得,践行青年担当。打造北京冬奥会信息与知识数字博览馆。把握住举办奥运会的契机,影视作品可以以"讲故事"的方式,展示一个更加真实、立体、全面的北京冬奥会,借此提升国际社会对中国和中国人民的直观认知,彰显积极、友善、团结的大国心态。当今有些媒体的传播很多时候侧重于媒体人的理念和迎合大众趣味的批评,有时加入很多扭曲的猜测和夸大其词的"故事背景报道"等,对一国文化没有发挥积极传播的效果。这也说明正确的舆论导向是必要的。不过,如果政府把正确的舆论导向等同于只报道好消息,也未免过于匠气。好的传播是渗透积极的文化价值观,而不是一味地正面宣传。

六、加快科技冬奥的成果转化和可持续利用

后冬奥时代科技体育产业的发展面临挑战与机遇,最重要的是如何使得冬奥相关科技走入寻常百姓家。冬奥会作为高端服务业,可以带动文化旅游以及产业走向规模和范围经济的道路。

我国国有企业在对北京冬奥会的政策配合方面非常顺畅。然而,我们注意到,国企的参与多集中于赞助和技术支持工作。而后冬奥时代需要注意从产业融合和产业孵化的角度予以高度重视,尤其是推动先进制造业与高端服务业结合。因此,推动先进制造业与高端服务业结合,争取带动一批体育科技企业上市。北京冬奥会的成功举办给我国冬奥会与数字经济的充分融合发展带来深刻影响。利用数字经济加强供需对接,推动冰雪旅游和相关消费有机串联。加强线上线下融合,延伸冰雪产业链条。要力争建设全球数字经济标杆城市。

七、助力"双奥城市"品牌推广

北京冬奥会的举办助力北京中国自由贸易试验区建设,给我国冰雪运动和相关产业发展带来深刻影响。相关数据显示,冰雪运动群体的扩大,加速了冰雪装备市场的繁荣。与此同时,冰雪产业的快速发展也带动了冰雪装备制造业不断升级。举办冬奥会是调整北京市产业结构的一次重要机遇。在筹办举办冬奥会的过程中,北京的国际化程度有所提升。这些具体措施的推出,为北京自

由贸易试验区建设提供了有效示范。

后冬奥时代，北京应着力用好冬奥文化旅游遗产。结合"双奥城市"品牌，大力拓展国际体育旅游消费市场，积极宣传在京举办的国际知名体育赛事品牌。设施布局逐步完善，重大国际交往设施不断健全。以冬奥会重大项目建设为牵引，强化服务国家顶层国际交往功能，打造中国特色大国外交。北京冬奥遗产包括了社会、生态、科技、文化、经济和城市发展等方面。在过去和未来，北京收获"双奥遗产"带来的长期收益。以冬奥会重大项目建设为牵引，强化服务国家顶层国际交往功能。

北京冬奥会显示了中国发展冬季运动以及通过冬奥会促进地区经济、社会和环境可持续发展的不懈努力，给中国和世界奥林匹克运动留下了丰厚遗产。

参考文献

［1］Chappelet Jean-Loup，高照钰．奥林匹克运动会：重燃圣火［M］．上海：格致出版社，2021.

［2］崔乐泉，王安荣．遗产层摞与创造：北京2022年冬奥会和冬残奥会遗产战略研究［J］．武汉体育学院学报，2022，56（02）：20-26.

［3］杜巍．2022北京冬奥会将给我们带来哪些遗产？［J］．可持续发展经济导刊，2019（08）：41-43.

［4］高照钰．奥运会的经济账及对北京2022年冬奥会的启示［J］．财经智库，2020，5（04）：126-138+144.

［5］高照钰．国外举办奥运会的财税政策选择及对我国的启示［J］．国际税收，2020（06）：74-77.

［6］胡孝乾，陈姝姝，Jamie Kenyon，邓雪梅．国际奥委会《遗产战略方针》框架下的奥运遗产愿景与治理［J］．上海体育学院学报，2019，43（01）：36-42.

［7］江小涓．高度联通社会中的资源重组与服务业增长［J］．经济研究，2017（03）：4-17.

［8］江小涓．体育产业发展：新的机遇与挑战［J］．体育科学，2019，39（07）：3-11.

［9］江小涓a.中国体育产业：发展趋势及支柱地位［J］．管理世界，2018（05）：1-9.

［10］江小涓b.职业体育与经济增长：比赛、快乐与GDP［J］．体育科学，2018，38（06）：3-13.

［11］邱雪."新时空"理念下平昌冬奥会办赛经验及启示［J］.体育文化导刊，2020（02）：70-75+110.

［12］孙葆丽，刘石，朱志强，等.冬奥遗产快速积累期研究［J］.成都体育学院学报，2021，47（05）：1-6.

［13］孙葆丽，宋晨翔，杜颖，等.温哥华冬奥会遗产工作研究及启示［J］.北京体育大学学报，2017，40（10）：1-8.

［14］孙葆丽，王家宏，林存真，等.奥运遗产特点架构研究［J］.天津体育学院学报，2021，36（04）：399-404.

［15］孙葆丽，朱志强，刘石，等."冬奥遗产"初创期研究［J］.首都体育学院学报，2021a，33（02）：199-204.

［16］孙葆丽，朱志强，刘石，等.冬奥遗产可持续发展期研究［J］.武汉体育学院学报，2022，56（02）：5-11.

［17］孙葆丽，朱志强，刘石，等.冬奥遗产逐步扩展期研究［J］.武汉体育学院学报，2021b，55（03）：5-11.

［18］王润斌，王相飞.《奥林匹克2020议程》与北京冬奥会筹办：多维影响与践行之道［J］.沈阳体育学院学报，2020，39（01）：7-13.

［19］王月，孙葆丽.可持续发展视阈下北京2022年冬奥会遗产探析［J］.北京体育大学学报，2019，42（01）：42-49.

［20］伍绍祖.中华人民共和国体育史（综合卷：1949—1998）［M］.北京：中国书籍出版社，1999.

［21］徐京朝，刘力豪，王道杰.《奥林匹克2020议程：奥运会新规范》改革关键点及北京冬奥会的践行策略研究［J］.体育学研究，2021，35（04）：92-98.

［22］徐拥军，王露露，宋扬.国内外奥运遗产研究述评［J］.兰台世界，2020（01）：19-27+13.

［23］徐拥军，张丹，闫静.北京2022年冬奥会和冬残奥会遗产价值及其评估研究［J］.武汉体育学院学报，2020，54（10）：15-22.

［24］易剑东.冬奥会背景下中国奥林匹克认知偏误及其辨析［J］.成都体育学院学报，2016，42（05）：1-9.

［25］左伟.《奥林匹克2020议程》实施进展与北京冬奥会实践［J］.天津体育学院学报，2020，35（04）：486-490.

［26］Andreff W. The Winner's Curse in Sports Economics［M］// Oliver Budzinski & Arne Feddersen.（eds.），*Contemporary Research in Sports Economics*. Peter Lang Academic Research：Frankfurt am Main，2014：179-207.

［27］Andreff W. The Winner's Curse：Why Is The Cost Of Mega Sporting Events So Often Underestimated?［M］// Wolfgang Maennig & Andrew Zimbalist.（eds.），*International Handbook on the Economics of Mega Sporting Events*. Cheltenham：Edward Elgar，2012：37-69.

［28］Arnout Geeraert，Michaël Mrkonjic，Jean-Loup Chappelet. A Rationalist Perspective on the Autonomy of International Sport Governing Bodies：Towards a Pragmatic Autonomy in the Steering of Sports［J］. International Journal of Sport Policy and Politics. 2015，7（4）：473-488.

［29］Baade R，Baumann R，Matheson V. Slippery Slope? Assessing the Economic Impact of the 2002 Winter Olympic Games in Salt Lake City，Utah［J］. *Région et Développement*，2010（31）：81-91.

［30］Baade R，Matheson V. Going for the Gold：The Economics of Olympics［J］. *Journal of Economic Perspectives*，2016，30（2）：201-218.

［31］Chappelet Jean-Loup. Beyond Legacy：Assessing Olympic Games Performance［J］. *Journal of Global Sport Management*，2019，4（3）：236-256.

［32］Chappelet Jean-Loup. "The Global Governance of Sport：An Overview"，in Ian Henry and Ling-Mei Ko（eds.），Routledge Handbook of Sport Policy［M］. London：Routledge，2013.

［33］Chappelet Jean-Loup. Beyond Governance：the Need to Improve the

Regulation of International Sport [J]. Sport in Society, 2018, 21 (5): 724-734.

[34] Chappelet Jean-Loup. The Autonomy of Sport in Europe [M]. Strasbourg (France): Council of Europe Publishing, 2010.

[35] Girginov V, Hills L. A Sustainable Sports Legacy: Creating a Link Between the London Olympics and Sports Participation [J]. The International Journal of the History of Sport, 2008, 25 (14): 2091-2116.

[36] Henry I, Lee P C. Governance and Ethics in Sport. In John Beech & Simon Chadwick (Eds.), The business of sport management [M]. London: Prentice-Hall, 2004: 25-41.

[37] Horne J. The Four "knowns" of Sports Mega Events [J]. Leisure Studies, 2007, 26 (1): 81-96.

[38] Koenigstorfer J, Bocarro J N, Byers T, etc. Mapping Research on Legacy of Mega Sporting Events: Structural Changes, Consequences and Stakeholder Evaluations in Empirical Studies [J]. Leisure Studies, 2019, 38 (6): 729-745.

[39] Kyriaki (Kiki) Kaplanidou. The Importance of Legacy Outcomes for Olympic Games Four Summer Host Cities Residents' Quality of Life: 1996-2008 [J]. European Sport Management Quarterly, 2012, 12 (04): 4+397-433.

[40] Levine M V. Tourism-based Redevelopment and the Fiscal Crisis of the City: the Case of Montreal [J]. *Canadian Journal of Urban Research*. 2003, 12 (1): 102-123.

[41] Liu D, Broom D, Wilson R. Legacy of the Beijing Olympic Games: A Non-Host City Perspective [J]. *European Sport Management Quarterly*, 2014, 14 (05): 485-502.

[42] Maurice Roche, *Mega-Events and Modernity: Olympics and Expos in the Growth of Global Culture* [M]. London: Routledge, 2000.

［43］Middleton H. *The Modern Olympics*［M］. Chicago IL：Heinemann Library，2004.

［44］Owen J G. Estimating the Cost and Benefit of Hosting Olympic Games：What Can Beijing Expect from Its 2008 Games?［J］The Industrial Geographer，2005，3（1）：1-18.

［45］Preuss H，Scheu A，Weitzmann M. Referendums at Olympic Games［M］// Chatziefstathiou D，Garcia B，Seguin B.（Eds）. Handbook on the Olympic and Paralympic Games. London:Routledge，2020 :183-200.

［46］Preuss H. A framework for Identifying the Legacies of a Mega Sport Event［J］. Leisure Studies，2015，34（6）：643-664.

［47］Preuss H. Event Legacy Framework and Measurement［J］. International Journal of Sport Policy and Politics，2019，11（1）：103-118.

［48］Preuss H. The Conceptualization and Measurement of Mega Sport Event Legacies［J］. Journal of Sport & Tourism，2007，12（3-4）：207-227.

［49］Preuss H. The Economics of Staging the Olympics：A Comparison of the Games，1972—2008［M］. Cheltenham：Edward Elgar，2004.

［50］Romon E. La gouvernance des organisations sportives：une application des Principes universels de base de bonne gouvernance du Mouvement olympique et sportif du CIO［R］. Suisse：IDHEAP，2011.

［51］Thomson A，Cuskelly G，Toohey K，etc. Sport event legacy：A Systematic Quantitative Review of Literature［J］. Sport Management Review，2019，22（3）:295-321.

［52］Yinya Liu. The Development of Social Media and its Impact on the Intercultural Exchange of the Olympic Movement，2004-2012［J］. The International Journal of the History of Sport，2016（33）：12+1395-1410.

附录 | 国际奥委会新规定汇总

一、现行的国际奥委会政策

政策 1

距离 2024 年巴黎奥运会开幕还有两年时间，国际奥委会主席托马斯·巴赫表达了他对奥运会"新时代"的期待感。此前，他与法国总统埃马纽埃尔·马克龙进行了会晤，并参观了巴黎 2024 办公室。巴赫表示：2024 巴黎奥运会组织者正在取得的进展让我们充满信心。

2022 年 7 月 26 日标志着奥运会正式倒计时的开始。在接下来的两年里，将举行 3000 多场奥运会资格赛。许多项目的预选赛将首次具有巴黎 2024 资格赛的识别标签。

2022 年 7 月 26 日发布了各赛事的竞赛日程以及奥运会的口号。

政策 2

超过 10 万名运动员已经开始了他们通往 2024 年巴黎奥运会的旅程；

截至 2024 年 6 月，将举行 3000 多场预选赛，选出其中最好的 10 500 名运动员（50% 为女性，50% 为男性）参加历史上性别最均衡的奥运会。

预选赛将在 Olympic.com 上进行全程直播报道。

主办方公布了 2024 年巴黎奥运会的官方口号：奥运更开放，表明这届奥运会将通过一系列教育和体育活动计划，以及在塞纳河畔向公众开放的开幕式，为主办城市和法国各地的数百万人提供参与机会。

目的：通过为参与资格赛的所有利益相关者（运动员、活动组织者、地方当局和参与的国家奥委会）提供机会，扩大他们在这一奥运旅程中的交流。

奥林匹克议程2020+5是这一举措背后的驱动力，其建议呼吁加强运动员通往奥运会之路的曝光度，而不是仅仅关注16天的比赛。

2024巴黎奥运会成为第一届允许50%的男性和女性参与的奥运会，有22个混合项目（高于2020年东京奥运会的18个），这是性别平等的有力证明。①

政策3

国际奥林匹克委员会（IOC）公布获得难民运动员奥林匹克奖学金的44名运动员的初步名单。

这些运动员来自12个国家，有23位以难民运动员的身份参加过往届的奥运会。

巴赫在致辞中对这些运动员表示欢迎。

他们的难民身份已得到联合国难民署（UNHCR）的确认，也得到了所在国家奥委会（NOC）的支持。

奥林匹克难民基金会加大支持力度，将确保流离失所的年轻人更多地参与体育运动。管理2024奥运会和2026青奥会的难民代表队，履行国家奥委会的职能，并将帮助难民运动员奖学金获得者继续他们的体育事业，为他们的未来而奋斗，无论他们是否参加奥运会。

奥林匹克难民基金会最近与联合国难民署签署了一份里程碑式的谅解备忘录（该备忘录建立在国际奥委会和难民署25年合作的基础上），并与奥林匹克运动、国际组织、私营部门、非政府组织和各基金会的利益相关者密切合作，以创建安全的体育设施，并在这些环境中开展体育活动。

依据：《奥林匹克2020+5议程》，建议11（加强对难民和受流离失所影响的人群的支持）。②

政策4

奥林匹克难民基金会（ORF）与联合国难民署（UNHCR）签署了一项

---

① https://olympics.com/ioc/news/excitement-builds-for-paris-2024-as-olympic-qualifiers-get-underway.
② https://olympics.com/ioc/news/ioc-announces-refugee-athlete-scholarship-holders-aiming-for-paris-2024.

新的具有里程碑意义的谅解备忘录，扩大了双方的合作，并重申了 ORF 和 UNHCR 利用体育来保护和支持世界各地受流离失所影响的年轻人的承诺。

会议上，基金会董事会成员还听取了 ORF 新战略计划的实施和 2021 年推出的活动的最新情况。

基金会的四年战略计划于 2021 年 3 月获得批准，并允许 ORF 继续和扩大其活动。

迄今为止，ORF 已经支持了 10 个国家的项目，使多达 85 000 名受流离失所影响的年轻人受益，并提高了 800 多名教练的技能。

基金会董事会还讨论了 ORF 将在管理国际奥委会巴黎奥运会难民奥运队中发挥的主导作用，并与奥林匹克团结组织合作实施难民运动员奖学金计划。

对难民的支持包括但不限于：

①支持国际单项体育联合会修改章程，允许难民运动员参赛。

②管理与国家奥委会和难民运动员的关系，以便与 ORF 的其他工作领域产生协同效应。

③确保运动员能够获得职业转型的支持，以及潜在的重新安置机会。

④建立第一个难民体育训练中心。

注：关于奥林匹克难民基金会（ORF）：

自 1994 年以来，国际奥委会一直与联合国难民署合作，通过体育帮助难民。2016 年，有史以来第一支国际奥委会难民奥运队在里约热内卢参赛，2021 年，第二支难民奥运队在东京参赛。ORF 是国际奥委会承诺为难民和流离失所的年轻人提供援助的最新篇章，确保一年 365 天在全球范围内提供支持。①

政策 5

题为"通过体育和奥林匹克理想建立一个和平和更美好的世界"的决议在纽约举行的第 76 届联合国大会上以协商一致方式通过，并由 173 个会员国作

---

① https://olympics.com/ioc/news/olympic-refuge-foundation-strengthens-support-to-refugees-worldwide.

为共同提案国。它呼吁在2022年北京奥运会和残奥会期间，从2022年2月4日奥运会开始前七天到残奥会结束后七天遵守奥林匹克休战。

国际奥委会主席托马斯·巴赫表示：国际奥委会非常欢迎所有联合国会员国对2022年北京冬奥会和残奥会的大力支持，这一点通过休战决议获得了共识。

国际残奥委员会（IPC）主席安德鲁·帕森斯也强调了该决议的重要性。

关于奥林匹克休战：奥林匹克休战，即Ekecheiria，是公元前9世纪在古希腊建立的一个传统，目的是确保停止所有敌对行动，使参加奥林匹克运动会的运动员和观众能够安全通行和参与。

自1993年以来，联合国大会一再表示对奥运会和国际奥委会的支持，每两年在每届奥运会前一年通过一项题为"通过体育和奥林匹克理想建立一个和平和更美好的世界"的决议。

通过这一象征性的决议，联合国邀请其成员国单独或集体遵守奥林匹克休战，并按照《联合国宪章》的目标和原则，通过和平和外交手段寻求所有国际冲突的和平解决，并认识到国际奥委会的倡议对人类福祉和国际谅解的重要性。[①]

政策6

国际奥林匹克委员会（IOC）和联合国毒品和犯罪问题办公室（UNODC）延长了他们的谅解备忘录，以进一步加强两个组织在打击体育领域腐败和犯罪方面的合作。今天签署的新谅解备忘录将持续到2025年底，并涵盖以下合作领域：

①支持能力建设、培训计划、提高认识活动和相关举措，以解决体育领域的腐败和犯罪问题，包括体育组织内部和与操纵体育比赛有关的问题，以及通过体育防止青少年犯罪、暴力和吸毒。

②交流信息和专业知识，包括通过参加会议、定期会议、协助研究、开发技术工具和出版有关解决体育领域腐败和犯罪问题以及通过体育预防青少年犯

---

① https://olympics.com/ioc/news/un-general-assembly-adopts-olympic-truce-for-beijing-2022.

罪、暴力和吸毒的资料。

③支持开展活动,加强体育对实现可持续发展目标的贡献,并通过联合规划,包括在奥运会和残奥会以及其他体育赛事的背景下,促进体育、促进发展与和平。①

政策 7

(1)内容

《奥林匹克宪章》第 50 条第 2 款规定,在奥林匹克运动会上保护体育的中立性以及奥林匹克运动会本身的中立性。它规定:在任何奥林匹克场地、场馆或其他区域,不允许有任何形式的示威或政治、宗教或种族宣传。

(2)目的

奥运会的重点必须保持在运动员的表现、体育以及奥林匹克运动会所寻求的国际团结与和谐上。奥运会上的运动员是全球社会的一部分,有许多不同的观点、生活方式和价值观。奥运会将整个世界联系在一起的使命可以促进对不同观点的理解。但只有当每个人都尊重这种多样性时,才能实现这一目标。奥运会的体育是中立的,必须与政治、宗教或任何其他类型的干扰分开,这是一项基本原则。

(3)范围

在奥运场馆外以及在奥运会之前和/或之后表达观点,不受限制。②

政策 8

黑人妇女和东京 2020 年奥运会:种族不敏感和排斥的持续遗产(Black women and Tokyo 2020 games: a continued legacy of racial insensitivity and exclusion)。

(1)主要内容

2020 年东京奥运会凸显了黑人妇女在实现尊重、包容和平等参与方面所面

---

① https://olympics.com/ioc/news/ioc-and-unodc-extend-collaboration-to-fight-corruption-and-crime-in-sport.

② https://olympics.com/athlete365?attachment_id=56812.

临的持续挑战。在2020年东京奥运会之前和期间，围绕黑人妇女、国际奥委会和许多体育协会的问题出现了，这突出了持续的历史边缘化。本文重点介绍了国际奥委会和相关国家组织卷入对黑人妇女参与体育活动产生负面影响的各种争议的情况。必须在黑人妇女不断争取其在体育空间中存在和存在的权利的历史背景下，理解非洲女性身体在奥林匹克运动会中被监视和排斥的情况。

（2）案例

①非洲女性运动员自然睾丸激素水平的故事建立在对身体的历史叙述上，这些身体并不适合奥运会（西方）整齐的性别分类。在2020年东京奥运会之前，4名非洲女运动员因为其自然睾酮水平过高而被禁止参加她们喜欢的奥运项目。

②2021年6月，又有两名来自纳米比亚的年轻运动员被禁止参加女子400米比赛。

③黑人女运动员的心理健康问题：在7月27日东京奥运会举行的女子体操团体决赛中，美国体操名将拜尔斯在跳马项目出现重大失误后，中途宣布退出团体决赛。白人和一些黑人评论员在没有充分了解拜尔斯与多动症有关的各种复杂情况的情况下，对她缺乏同情。

④2021年5月31日，日本网球名将大阪直美宣布退出本届法国网球公开赛，并且将暂时告别赛场一段时间。

⑤国际泳联宣布禁止在东京奥运会使用英国公司Soul Cap生产的黑人泳帽，理由是这种泳帽"不符合人类自然的头部形状"。

（3）国际奥委会的应对

在任何情况下，国际奥林匹克委员会都会在比赛前以国际奥委会规则第50条为由，重申禁止"黑人生活事件"服装和象征性抗议活动。然而，许多女子足球队继续下跪，作为对该运动的象征性支持。

（4）IF/比赛组委会的应对

2018年世界田径运动会的荷尔蒙规定主要针对的是双性人运动员，由于他们在田径比赛中具有不公平的竞争优势。这一规则的批评者认为世界田径协会由于她们有所谓的男性特征"针对"非洲妇女。喀麦隆的一位官员认为：大多数受这些规定影响的运动员都来自全球南部，而对于非洲来说，这些规定是对非洲人的歧视。①

政策 9

Americans on ideological left more engaged in Olympics 左派美国人更多地参与奥运会。

（1）概述

近年来，体育和政治已经以前所未有的方式融合在一起。在东京奥运会期间，体育运动日益增强的政治性甚至登上了国际舞台。

（2）案例

①NFL 比赛球员下跪、NBA 比赛球员球衣出现标语。

②尽管《奥林匹克宪章》第 50 条禁止在颁奖仪式上进行抗议，美国奥委会在奥运会开始前几个月宣布，他们将不会在今年的奥运会上惩罚这种行为。

③研究表明，在过去几年里，体育和政治的融合促使政治保守派减少观看体育比赛。今年奥运会的收视率是奥运会有史以来最低的一次。

④与红州相比，蓝州对奥运会的参与程度明显更高。在按发推特谈论奥运会的人口比例排名的前 10 个州中，只有两个州被认为是红州（爱达荷州和肯塔基州）。

（3）结论

研究结果表明，政治派别与 2020 年奥运会的参与程度之间有很强的关联性。②

政策 10

国际奥委会的未来主办委员会将会与候选城市进行保密讨论，以测试他们的兴趣强度，鼓励他们为自己的社区和奥林匹克运动制订一个奥运愿景，帮助他们设想与城市或地区的长期发展计划相一致的最好的提案，可能将会访问城市，并向国际奥委会执委会报告每个申请的挑战和机遇（参见 IOC 2019b：5 和

---

① 2021 Report p87。
② 2021 Report p104。

7中的流程图）。然后，委员会必须向执委会推荐一个或多个城市，以便它可以向大会（所有国际奥委会成员）提出一个"战略方向"（IOC 2019b：5），然后会议将选择未来的主办方。根据2019版的《奥林匹克宪章》（IOC 2019a），主办方原则上应该是一个城市而不是一个地区。事实上，在2019年，第四届冬青奥运会被授予了江原道省，平昌是2018年冬奥会的主办城市，位于韩国。

二、现行的国际单项体育组织的政策

政策1

由于普遍存在违反合同的情况，国际职业足球运动员联合会建议职业球员不要与阿尔及利亚、中国、希腊、利比亚、罗马尼亚、沙特阿拉伯、土耳其等的俱乐部签约。[①]

政策2

国际足联暂停全印度足球联合会的会员资格。由于全印度足球联合会（AIFF）受制于第三方的不当影响，严重违反了国际足联章程的相关规定，国际足联理事会一致决定立即暂停AIFF的会员资格。一旦组建管理委员会取代AIFF执行委员会行使职权的命令被撤销，AIFF执行委员会重新取得全权管理AIFF日常事务的权利，国际足联将恢复AIFF的会员资格。暂停会员资格意味着，原定于2022年10月11日至2022年10月30日由印度承办的2022年U17女足世界杯（FIFA U-17 Women's World Cup）将无法按原定计划在印度举行。国际足联正在重新评估2022年U17女足世界杯的赛事安排，如有必要，将提请国际足联理事会决定。国际足联一直与印度青年与体育部保持着建设性沟通，希望双方的沟通结果是积极的。[②]

政策3

鉴于俄乌冲突，国际足联理事会主席团与欧足联协调并与各利益攸关方协商后，决定暂时修改《国际足联球员身份与转会规定》（RSTP），以便在一些

---

① 中国足球登上失信"黑名单"！FIFPRO警告：别去中国踢球。
② 原文来自国际足联官网，由体育与法律研究中心原创翻译。

问题上提供确定和清晰的法律依据。这些准则以 RSTP 临时附件（附件 7）的形式列出，附件标题为"处理乌克兰战争引起的特殊情况的暂行规则"。已做出以下决定：

- 考虑到乌克兰当前的局势，为了给球员和教练员提供工作机会和领取工资的机会，并且为了保护乌克兰俱乐部，除非相关合同双方另有明确约定，所有乌克兰足球协会（UAF）下属的外籍球员和教练员与俱乐部的雇佣合同将被视为自动终止至乌克兰赛季结束（2022 年 6 月 30 日），双方无须为此采取任何行动。

- 为了方便外籍球员和教练员离开俄罗斯，如果俄罗斯足协下属的俱乐部在 2022 年 3 月 10 日或之前未与其各自的外籍球员和教练员达成协议，除非另有书面约定，外籍球员和教练员有权单方面终止与俄罗斯足协下属俱乐部的雇佣合同，直至俄罗斯赛季结束（2022 年 6 月 30 日）。

根据上述规定，终止合同将意味着至 2022 年 6 月 30 日终止期间，球员和教练员被视为未签订工作合同，因此可以自由选择与其他俱乐部签订工作合同，而不必承担任何不利后果。

（1）额外的灵活性

为了给曾在 UAF 或俄罗斯足协注册并且因为乌克兰战争离开或可能打算离开乌克兰或俄罗斯的球员提供灵活性，之前在 UAF 或俄罗斯足协注册的外籍球员将被允许注册，即使与他们签订新合同的俱乐部所属于协会的注册期已结束。为了使这一暂行规则能够适用，并保证比赛的完整性，新俱乐部的注册需要在 2022 年 4 月 7 日或之前完成。为了进一步保护比赛的完整性，俱乐部有权注册最多两名受益于暂行规则的球员。

（2）球员的保护

在保护未成年人方面，因武装冲突从乌克兰逃往其他国家的未成年人将被视为符合 RSTP 第 19 条第 2 d）款的规定，该条款免除了未成年人难民在 18 岁之前禁止球员国际转会的规则。[①]

---

① 原文来自 FIFA 官方网站，由体育与法律研究中心原创翻译。

附录Ⅱ 《奥林匹克宪章》2021 版和 2020 版变化比对（简略版）

在 2021 年 7 月 20 日和 8 月 8 日举行的国际奥委会第 138 次全会上，国际奥委会对 2020 年 7 月 17 日生效的《奥林匹克宪章》的部分条款进行了修改，涉及奥林匹克运动中的简称、10 个条款和 5 个细则。

The following provisions of the previous edition of the Olympic Charter（in force as of 17 July 2020）were modified by the 138th Session on 20 July and 8 August 2021：

- Abbreviations used within the Olympic Movement
- Bye-law to Rule 6（Olympic Games）
- Rule 10（The Olympic motto）
- Rule 16 and its Bye-law（Members）
- Rule 23（Languages）
- Rule 27（Mission and role of the NOCs）
- Rule 28（Composition of the NOCs）
- Rule 40（Participation in the Olympic Games）
- Bye-law to Rule 44（Invitations and entries）
- Rule 45 and its Bye-law（Programme of the Olympic Games）
- Bye-law to Rule 46（Role of the IFs in relation to the Olympic Games）
- Rule 52（Olympic Identity and Accreditation Card ——Rights attached thereto）

- Rule 57（Roll of honour）
- Rule 59（Measures and sanctions）

一、奥林匹克运动中简称的修改

2020 年《奥林匹克宪章》中的奥林匹克知识管理计划（OGKM）被取消。

2020 版：

EOC	The European Olympic Committees
CAS	Court of Arbitration for Sport
OGKM	Olympic Games Knowledge Management Programme
WADA	World Anti-Doping Agency
IOA	International Olympic Academy

2021 版：

EOC	The European Olympic Committees
CAS	Court of Arbitration for Sport
WADA	World Anti-Doping Agency
IOA	International Olympic Academy

二、修订的条款

1. 第 10 条（奥林匹克格言）

10 The Olympic motto*

The Olympic motto "Citius —Altius — Fortius" expresses the aspirations of the Olympic Movement.

10 The Olympic motto*

The Olympic motto "Faster, Higher, Stronger — Together" expresses the aspirations of the Olympic Movement. It is the adaptation of the original motto in Latin that now translates as "Citius, Altius, Fortius — Communiter."

修订后的内容中，在"更快、更高、更强后"增加了"Together"，相应地，在拉丁文语种上也增加了单词"Communiter"。

2. 第 16 条（国际奥委会委员）

1.1.1 a majority of members whose memberships are not linked to any specific function or office，including up to five members who may be elected in special cases；their total number may not exceed 70；except for the five members referred to above，BLR 16.2.2.5 shall be applicable and there may be no more than one such member national of any given country，as defined in and subject to BLR 16；

1.1.1 a majority of members，the total number of which may not exceed 70，whose memberships are not linked to any specific function or office，including up to seven members without any nationality or NOC requirement，who may be elected in special cases；except for the seven members referred to above，BLR 16.2.2.5 shall be applicable and there may be no more than one such member national of any given country，as defined in and subject to BLR 16；

将原来的不超过 70 名与职责或职位无关的委员中可以有 5 人按特殊方式产生修改上限为 7 人，且进一步明确可以不考虑国籍和国家 / 地区奥委会 NOC 的要求。

3. Languages

1　The official languages of the IOC are French and English.

2　At all Sessions，simultaneous interpretation must be provided into French and English. Other languages may be provided at the Session.

3　In the case of divergence between the French and English texts of the Olympic Charter and any other IOC document，the French text shall prevail unless expressly provided otherwise in writing.

将多年的全会上同传翻译为法语、英语、德语、俄语、西班牙语和阿拉伯语修改为只保留法语和英语，其余语种为可选项，而不是必选项。

4. 第 27 条（国家和地区奥委会的使命和角色）

2.5 to take action against any form of discrimination and violence in sport；

2.6 to adopt and implement *the World Anti-Doping Code*;

2.7 to implement *the Olympic Movement Code on the Prevention of the Manipulation of Competitions*;

2.8 to encourage and support measures relating to the medical care and health of athletes.

为国家/地区奥委会的角色增加了一项：执行《防止操纵比赛的奥林匹克运动法典》，将原来角色的内容由七项增加为八项。

5. 第 28 条（国家/地区奥委会的组成）

1.3 elected representatives of athletes within their general assemblies and executive body. Those representatives must be elected by the athletes commission of the NOC，which must be established by the NOC in accordance with the guidelines issued by the IOC Executive Board. Those representatives，or at least one of them，must have participated in the Olympic Games and，in this case，must retire from their posts at the latest by the end of the third Olympiad after the last Olympic Games in which they took part. Upon request by an NOC，the IOC Executive Board may grant an exemption to the requirement that such representatives must have taken part in the Olympic Games.

1.3 中明确在国家和地区奥委会的全体大会或执行机构的框架范围内选举运动员代表。这些运动员代表应由国家和地区奥委会的运动员委员会选举产生，运动员委员会的组成必须符合国际奥委会执委会发布的指南的要求。

6. 第 40 条（参加奥林匹克运动会）

40 Participation in the Olympic Games*

To participate in the Olympic Games，a competitor，team official or other team personnel must respect and comply with t*he Olympic Charter*，*the World Anti-Doping Code* and *the Olympic Movement Code on the Prevention of the Manipulation of Competitions*，including the conditions of participation established by the IOC，as well as with the rules of the relevant IF as approved by the IOC，and the competitor, team official or other team personnel must be entered by his NOC.

对参加奥运会的运动员、运动队官员和其他运动队职员在原有要尊重和遵守《奥林匹克宪章》《世界反兴奋剂条例》的基础上，增加要求尊重和遵守《防止操纵比赛的奥林匹克运动法典》的要求，与第 27 条的修改保持统一。

7. 第 45 条（奥运会项目）

3 The programme is established following a review by the IOC of the programme of the previous corresponding edition of the Olympic Games.

Only sports which comply with *the Olympic Charter*, *the World Anti-Doping Code* and *the Olympic Movement Code on the Prevention of the Manipulation of Competition* are eligible to be in the programme.

对运动项目在原有要尊重和遵守《奥林匹克宪章》《世界反兴奋剂条例》的基础上，增加要求尊重和遵守《防止操纵比赛的奥林匹克运动法典》的要求，与第 27 条、第 40 条的修改保持统一。

8. 第 52 条（奥林匹克身份和注册卡——附属权利）

2. The Olympic Identity and Accreditation Card is delivered, under the authority of the IOC, to persons eligible for accreditation. It gives access, to the degree necessary and as indicated thereon, to the sites, venues and events placed under the responsibility of the OCOG. The IOC Executive Board determines the persons entitled to such cards and the conditions applicable to their delivery. The OCOGs, IFs, NOCs and all other persons or parties concerned shall comply with the manuals, guides or guidelines, and all other instructions of the IOC Executive Board, in respect of all matters subject to this Rule.

2 Nobody is entitled as of right to an accreditation. The granting or removal of an accreditation is determined by the IOC in its full discretion. The OCOGs, IFs, NOCs and all other persons or parties concerned shall comply with all regulations, decisions, manuals, guides, guidelines and instructions of the IOC, in respect of all matters subject to this Rule.

3 The Olympic Identity and Accreditation Card is delivered, under the authority of the IOC. It gives access, to the degree necessary and as indicated there on, to the sites, venues and events placed under the responsibility of the OCOG.

将2020版《宪章》的第2款拆分为两款，后半部分在2021版《宪章》中作为第2款，前半部分作为第3款。

修改后的2021版《宪章》52条第2款规定，无人被授予获得注册权限的权利。承认或取消注册权限完全由国际奥委会依据自由裁量权决定。同时，增加了需要遵守规则（regulations）、决定（decisions）……指南（guides）、指导原则（guidelines），取消了2020版中指南（guides）或指导原则（guidelines）的选择性表述。

相应地，修改后的2021版《宪章》52条第3款删除了2020版中推定某人当然具有注册资格的内容（to persons eligible for accreditation）。

附录Ⅲ 2022年北京冬奥会比赛项目

2022年北京冬奥会比赛项目

短道速滑（9小项，含新增1小项）		
男子500米	男子1000米	男子1500米
男子5000米接力	女子500米	女子1000米
女子1500米	女子3000米接力	混合团体接力
速度滑冰（14小项）		
男子500米	男子1000米	男子1500米
男子5000米	男子10000米	男子团体追逐
男子集体出发	女子500米	女子1000米
女子1500米	女子3000米	女子5000米
女子团体追逐	女子集体出发	
冰球（2小项）		
男子	女子	
冰壶（3小项）		
男子	女子	混合双人
花样滑冰（5小项）		
男子单人滑	女子单人滑	双人滑
冰上舞蹈	混合团体	
高山滑雪（11小项）		
男子滑降	男子回转	男子大回转
男子超级大回转	男子全能	女子滑降

续表

女子回转	女子大回转	女子超级大回转
女子全能	混合团体	
跳台滑雪（5小项，含新增1小项）		
男子个人标准台	男子个人大跳台	男子团体大跳台
女子个人标准台	混合团体	
越野滑雪（12小项）		
男子双追逐（15公里传统技术+15公里自由技术））	男子个人短距离（自由技术）	男子15公里（传统技术）
男子4×10公里接力（2棒传统技术+2棒自由技术）	男子团体短距离（传统技术）	男子50公里集体出发（自由技术）
女子双追逐（7.5公里传统技术+7.5公里自由技术）	女子个人短距离（自由技术）	女子10公里（传统技术）
女子4×5公里接力（2棒传统技术+2棒自由技术）	女子团体短距离（传统技术）	女子30公里集体出发（自由技术）
北欧两项（3小项）		
男子个人标准台+10公里越野滑雪	男子个人大跳台+10公里越野滑雪	男子团体大跳台+4×5公里接力越野滑雪
自由式滑雪（13小项，含新增3小项）		
男子雪上技巧	男子空中技巧	男子U型场地技巧
男子坡面障碍技巧	男子障碍追逐	男子大跳台
女子雪上技巧	女子空中技巧	女子U型场地技巧
女子坡面障碍技巧	女子障碍追逐	女子大跳台
空中技巧混合团体		
单板滑雪（11小项，含新增1项）		
男子坡面障碍技巧	男子U型场地技巧	男子障碍追逐
男子大跳台	男子平行大回转	女子坡面障碍技巧
女子U型场地技巧	女子障碍追逐	女子大跳台
女子平行大回转	混合团体障碍追逐	

续表

雪车（4小项，含新增1项）			
男子双人	男子四人	女子单人	女子双人
钢架雪车（2小项）			
男子		女子	
雪橇（4小项）			
男子单人	男子双人	女子单人	混合团体接力
冬季两项（11小项）			
男子10公里短距离	男子20公里个人	男子15公里集体出发	
男子4×7.5公里接力	男子12.5公里追逐	女子7.5公里短距离	
女子15公里个人	女子10公里追逐	女子12.5公里集体出发	
女子4×6公里接力	混合接力（女子2×6公里+男子2×7.5公里）		

附录Ⅳ 国际、国家、组织和个人视角的体育治理的相关政策文本

一、国际组织文本清单

1. International Olympic Committee（IOC）

✓ International Olympic Committee（2001）Athletes' Commission terms of reference. http:// multimedia.olympic.org/pdf/en_report_712.pdf.

✓ International Olympic Committee（2007）The White Paper on Sport, Joint Statement with International Sports Federations. IOC 10268/2007/mgy, 3 April.

✓ International Olympic Committee and FIFA（2007）IOC-FIFA Joint Declaration: EU White Paper on Sport: Much Work Remains to be Done. www.olympic.org/news?articleid=54916.

✓ International Olympic Committee（2008）Basic Universal Principles of Good Governance of the Olympic and Sports Movement（*2modifications in 2012 related to structures, regulations and democratic process）. Lausanne: IOC. http://www.olympic.org/Documents/Conferences_Forums_and_Events/2008_seminar_autonomy/Basic_Universal_Principles_of_Good_Governance.pdf

✓ International Olympic Committee（2009）Codes of Ethics and Other Texts. Lausanne: IOC.

✓ International Olympic Committee（2011）Olympic Charter. IOC: Lausanne, Rule 1（2）. www.olympic.org/Documents/olympic_charter_en.pdf.

✓ IOC OLYMPIC AGENDA 2020（2014）（e.g. 27条善治，29条财务透明）

◆ Recommendation 27：Comply with basic principles of good governance

◆ Recommendation 28：Support autonomy

◆ Recommendation 29：Increase transparency

◆ Recommendation 30：Strengthen the IOC Ethics Commission independence

◆ Recommendation 31：Ensure compliance

◆ Recommendation 32：Strengthen ethics

◆ Recommendation 33：Further involve sponsors in "Olympism in Action" programmes

◆ Recommendation 24：Evaluate the Sport for Hope programme

◆ Recommendation 22：Spread Olympic values-based education

◆ Recommendation 11：Foster gender equality

◆ Recommendation 5：Include sustainability within the Olympic Movement's daily operations

◆ Recommendation 4：Include sustainability in all aspects of the Olympic Games

2. International Non-Governmental Organizations（INGO）

✓ Transparency International，2011 Safe hands：building integrity and transparency at FIFA（Berlin：TI，2011）.

3. Play the Game 及相关报告

✓ 2011 Cologne consensus：towards a global code for governance in sport，http://www.playthegame.org/fileadmin/documents/Cologne_Consensus.pdf.

4. One World Trust

✓ 2007 Global Accountability Report：FIFA accountability profile

✓ 2008 Global Accountability Report：IOC accountability profile

5. FIFA

✓ FIFA, 2009, FIFA Code of Ethics. Zurich: FIFA. www.fifa.com

✓ FIFA/Independent Governance Committee, 2014, FIFA Governance Reform Project. Final Report by the Independent Governance Committee to the Executive Committee of FIFA. Basel.

✓ Good governance at FIFA: a factual account

6. UNESCO

✓ Responsible for physical education and sport（2013-5-28-30）

● Access to Sport as a Fundamental Right for All

● Promoting Investment in Physical Education and Sport Programmes

● Preserving the Integrity of Sport

二、善治评估体系

1. Play the Game

Since 1997 Play the Game has worked to raise awareness about good governance in sport, and has established a conference and a communication platform.（www.playthegame.org.）Subsequently, in 2011, following the European Commission's Sports Unit call for a preparatory action in the field of the organization of sport, momentum was gained for the study of good governance in sport. Play the Game forms partnerships with six European universities and the European Journalism Centre, and acquired EU funding for a project entitled Action for Good Governance in International Sports Organizations（AGGIS）. Given the difficulties of implementing good governance principles, Play the Game has also developed a tool for measuring the quality of governance - the Sports Governance Observer.

2. Global Association of International Sports Federations（GAISF，Sportaccord 世界体育总会改名全球国际体育协会联合会）

Association of Summer Olympic International Federations（ASOIF，夏季奥运会国际单项体育协会联合会）

Five major principles/dimension, each with 10 indicators to assess IFs' governance: 1. Transparency 2. Integrity 3. Democracy 4. Sport development and solidarity 5. Control mechanisms

✓ 2020 third review of IF governance, GSMU governance quick wins guidance, ASOIF members' good governance practice examples

✓ 2019 third IF governance self-assessment questionnaire 2019—2020, GSMU notes on anti-discrimination regulations for IFs, ASOIF members' good governance practice examples, GSMU suggested components for codes of ethics for IFs

✓ 2018 second review of IF Governance（40 IFs）, second IF governance self-assessment questionnaire 2017—2018

✓ 2017 suggested components of electoral rules and processes for IFs, first review of IF governance（28 IFs）, first IF governance self-assessment questionnaire 2016—2017

✓ 2016 ASOIF governance task force report 冬季奥运会

AIOWF 冬季奥运会国际单项体育协会联合会

✓ 2018 Review of Governance of AIOWF IF Members（33IFs，总体情况，无各个协会数据）

主要依据：

✓ The IOC charter

✓ The World Anti-doping code

✓ The IOC recommendations contained in the agenda 2020

✓ The IOC code of Ethics

- ✓ The IOC basic principles of Good Governance of the Olympic and Sports Movement
- ✓ The Olympic Movement code against the Manipulation of sport competitions

附录Ⅴ　中国奥委会重要表态

据新华社消息，近日，国际奥委会发布声明表示，将为俄罗斯、白俄罗斯个人运动员在严格限定条件下以"中立身份"回归国际赛场寻求途径。中国奥委会新闻发言人就有关情况回答了记者的提问。

问：您能否介绍相关情况？

答：国际奥委会执委会近日发布的声明是一段时间以来国际奥委会积极与奥林匹克运动有关各方深入沟通和磋商的成果。2022年12月，国际奥委会第11届奥林匹克峰会在瑞士洛桑召开，奥林匹克运动有关各方主要领导人就此问题进行了深入讨论。中国奥委会主席高志丹出席了此次会议。与会各方一致认为，奥林匹克运动担负着团结世界的使命。所有运动员的合法权利均应受到保护。会上，亚奥理事会提议在亚洲范围内为俄罗斯和白俄罗斯运动员回归国际赛场提供平台，获得了与会代表的广泛支持。前不久，国际奥委会再次就此与国际奥委会全体委员、各国际单项体育联合会、各国家/地区奥委会和运动员代表进行了广泛和深入的磋商。有关各方均对奥林匹克峰会的建议和国际奥委会的立场表示支持。

问：中国奥委会对此有何看法？

答：中国奥委会主张全世界运动员都应享有平等的参赛权利，运动员是否参赛应由体育表现决定，而不应受到政治、战争等因素的干扰。中方一贯秉持体育政治中立原则，反对体育政治化。我们认为体育应该成为团结世界的桥梁纽带，而不是相反；国际体育界应携手向未来，而不是产生分裂。前期，高志丹主席和李玲蔚副主席已分别在奥林匹克峰会和视频沟通会上表达了上述立场。面对诸多困难挑战，国际奥委会坚持政治中立原则，坚持以运动员为中心，努力保障每一位运动员的利益，我们对此表示赞赏。

问：我们看到，亚奥理事会已发表声明称，将为符合条件的两国运动员参加亚洲赛事包括亚运会创造机会。请问两国运动员是否将参加杭州亚运会？

答：中国奥委会将积极响应和支持国际奥委会和亚奥理事会的倡议和决定，愿为包括符合条件的俄罗斯和白俄罗斯运动员在内的所有运动员搭建良好参赛平台，共同捍卫奥林匹克价值观，维护国际奥林匹克大家庭团结。关于两国运动员参加杭州亚运会的具体方案等，国际奥委会、亚奥理事会等有关各方还将进一步深入研究，相关方案将符合全体运动员的共同利益。

来源：新华社，原题：《中国奥委会支持国际奥委会和亚奥理事会涉俄倡议——专访中国奥委会新闻发言人》

附录Ⅵ 奥运与冬奥立法

本部分节选自《刘岩：北京奥运会与冬奥会的法律实践》，作者刘岩为原总局政法司司长，2008年北京奥运会组委会法律部负责人。

我国机构对国际奥委会规则的承认和执行，主要是两条路径：在通常情况下主要依靠中国奥委会，在奥运会和冬奥会申办、筹备、运营、善后过程中，主要是履行《申办报告》《主办城市合同》和我国政府有关机关的承诺、保证书。

有关奥运会的国际规则和北京申办奥运会、冬奥会的对外承诺，有很少量的一部分内容需要转化为国内立法。北京在申办冬奥会时，就奥运会规则的国内法转化事项向国际奥委会做出了若干承诺。对于这类承诺，我国严格履行即可，完全不必超范围、超标准、超数量地进行奥运会规则的国内法转化。

为筹备和举办奥运会、冬奥会及其他重大国际赛事，地方人大常委会向当地同级（或下级）政府授权。2007年7月27日，北京市人大常委会会议通过了《关于为顺利筹备和成功举办奥运会进一步加强法治环境建设的决议》，授权北京市政府在奥运会筹办和举办期间，为维护公共安全和社会秩序，在不与宪法、法律、行政法规相抵触，不违背本市地方性法规基本原则前提下，可以根据奥运会筹备和举办的具体情况和实际需要，采取临时性行政管理措施，制定临时性政府规章或发布决定，并报市人大常委会备案。2007年8月29日，青岛市人大常委会会议通过了《关于为成功举办2008年奥运会帆船比赛进一步完善法制保障工作的决定》，其内容与北京市人大常委会上述决议的第二项内容相类似。2021年7月29日，河北省人大常委会会议通过了《关于授权省人民政府为保障冬奥会筹备和举办工作规定临时性行政措施的决定》。为了保障北京 2022 年冬奥会和冬残奥会（统称"冬奥会"）筹备和举办工作顺利进行，河北省人大常委会决定：在冬奥会筹备和举办及延后期限内，河北省人民政府针对可能存在的风险和影响，在不与法律、行政法规相抵触，不与河北省地方性法规基本原则相违背的前提下，按照必要、适度、精准的原则，通过制定政府规章或者发布决定的形式，在环境保护、公共安全、公共卫生、道路交通、安全生产、城市市容管理等方面规定临时性行政措施并组织实施。根据本决定制定的政府规章或者发布的决定，依法报河北省人大常委会备案。本决定自公布之日起施行，有效期限至冬奥会闭幕之日后十五日。次日，北京市人大常委会会议通过了《关于授权市人民政府为保障冬奥会筹备和举办工作规定临时性行政措施的决定》，天津市人大常委会会议通过了《关于授权市人民政府为保障冬奥会举办规定临时性行政措施的决定》，其内容与河北省人大常委会的上述决定类似。

附录Ⅶ 缩略词和官方口号

国际奥委会（International Olympic Committee，简称 IOC）

奥组委（奥林匹克运动会组织委员会，Organizing Committee of the Olympic and Paralympic Games，简称 OCOG）

国际单项体育联合会（IFs）

国家奥林匹克委员会（NOCs）

奥林匹克全球合作伙伴计划（TOPs）

持权转播方（RHB）

国际残奥委员会（IPC）

欧盟法院（CJUE）

欧洲法院（ECJ）

欧洲委员会

欧洲理事会

欧盟委员会

2000 年悉尼奥运会口号：Share the Spirit（分享奥林匹克精神）

2002 年盐湖城冬奥会的口号：Light the Fire within（点燃心中之火）

2004 年雅典奥运会口号：Welcome Home（欢迎回家）

2006 年都灵冬奥会口号：Passion Lives Here（激情在这里燃烧）

2008 年北京奥运会口号：One world, One Dream（同一个世界，同一个梦想）

2010 年温哥华冬奥会口号：With Glowing Hearts（用炽热的心）

2012 年伦敦奥运会口号：Inspire a Generation（激励一代人）

2014年索契冬奥会口号：Hot·Cool·Yours（激情冰火属于你）

2016年里约热内卢奥运会口号：Live Your Passion（点燃你的激情）

2018年平昌冬奥会口号：Passion Connected（激情同在）

2020年东京奥运会口号：United by Emotion（激情聚会）

2022年北京冬奥会口号：Together for a Shared Future（一起向未来）

2024年巴黎奥运会口号：Games Wide Open（奥运更开放）